北京歌谣熟语集释系列

北京歌谣集释

BEIJING GEYAO JISHI

董树人 编著

语文出版社 ·北京·

图书在版编目（CIP）数据

北京歌谣集释 / 董树人编著. — 北京 ： 语文出版社，2017.1(2018.8重印)
ISBN 978-7-5187-0495-8

Ⅰ. ①北… Ⅱ. ①董… Ⅲ. ①民间歌谣—作品集—北京 Ⅳ. ①I277.21

中国版本图书馆CIP数据核字(2016)第261453号

责任编辑 谢 惠
装帧设计 刘姗姗
出　　版 语文出版社
地　　址 北京市东城区朝阳门内南小街51号 100010
电子信箱 ywcbsywp@163.com
排　　版 北京杰瑞腾达科技发展有限公司
印刷装订 北京市科星印刷有限责任公司
发　　行 语文出版社 新华书店经销
规　　格 890mm×1240mm
开　　本 A5
印　　张 12.25
字　　数 244千字
版　　次 2017年1月第1版
印　　次 2018年8月第2次印刷
印　　数 2,001-3,000
定　　价 28.00元

010-65253954（咨询） 010-65251033（购书） 010-65250075（印装质量）

《北京歌谣熟语集释》总序

我自幼儿生长在涿州。明清时期，涿州属宛平府（所谓卢沟二府）管辖。民国元年（1912），涿州划归河北省，与河北省的一些县份来往逐渐增多，语言上也越来越具河北方言的特点，但从语音、语调、语法及词汇形式上看，涿州方言仍属北京方言片的方言，定而不移。我的祖辈一直作为贩夫在北京周围谋生，活动于大兴、顺义、昌平及北京西郊地区。他们对北京话，特别是对北京西郊诸如八里庄、蓝靛厂、海淀镇、田村一带的生活习惯、风土人情、方言土话等特别熟悉，这也大大影响了我。1964 年，我从南开大学中文系汉语言文学专业语言专门化毕业，被分配到北京外国留学生高等预备学校（北京语言大学前身）工作，从事对外汉语教学与研究，直至年老退休。这期间，工作之余一直做着北京话的研究，特别是在北京方言词汇研究方面兴趣最浓、用力最勤，也取得了些微的成绩。2010 年《新编北京方言词典》由商务印书馆出版后，引起了国内外数十家媒体的关注，受到了广大读者的欢迎，使我受到了巨大鼓舞。我在编写《新编北京方言词典》时积累的资料的基础上再加搜集，编成了此套书。编写此套书的目的，与编写《新编北京方言词典》一样，依然是为了保存北京方言资料，为研究北京历史、北京文化的人士提供方便。

本套书共分四个小册子——《北京歌谣集释》《北京谚语集释》《北京惯用语集释》《北京歇后语谜语集释》，内容包括歌谣、谚语、惯用语、歇后语和谜语。为了便于称说，总书名取作《北京歌谣熟语集释》。本套书收录的内容有地域性。任何地域文化都是整个中华民族文化的一部分，任何汉语地域方言或地点方言也都是汉语大家庭中的一员，它们在历史的长河中必然互相影响和交融，北京方言也不例外。北京方言不但从其他方言传入了不少富有表现力的熟语成分，也从古籍中特别是启蒙读物《名贤集》中继承了许多富于人生智慧的谚语、格言。对于从其他地区传入或从古籍中继承来的，北京地区的民众又经常挂在嘴边儿上的熟语成分，像“不到黄河不死心”“人无远虑，必有近忧”“路遥知马力，日久见人心”“良言一句三冬暖，恶语伤人六月寒”等，也酌情收入。考虑到受地域文化、习俗及时代的限制，一些读者可能有阅读和理解上的困难，因此对一些词语（主要是方言词语）作了注释，对绝大多数条目作了简析，有的解释了意思，有的说明了用法，有的交代了产生与使用的环境背景。这部分内容，无论是对其他方言区的读者，还是对一些年轻朋友或是外国朋友，我想都会是有益的。

北京历史悠久，曾经五代为都，文化积淀丰厚。本套书如果能对研究北京历史、文化、习俗的人士，对热爱北京文化的广大读者有些微的帮助，那将是作者最为愉快的事情。

作　者

2015 年 11 月 28 日于北京语言大学

关于《北京歌谣集释》

本书收入民国以来直至当下北京地区的歌谣580余首，约8万字。其中，多数歌谣是作者在日常收集的，一部分是通过书册、报章杂志积累的，最后又通过专书补充了一些。作者见到的专书，最早的是 Kinchen Johnson 编写的由商业印书局1932年6月出版发行的《北平歌谣》（复印本），另一本是薛汕编写的由北京出版社1958年3月出版的《北京的歌谣》。歌谣在人们的长期口耳相传中传承，难免会有些讹误、增减变化，上述两部著作足可弥补我搜集、积累的不足，也帮助我订正了一些错讹。

由于时代的变化、流传地域的不同，很多同样内容的歌谣有不同的说法，出入大的一并收入，出入很小的择优选入。

由于不少歌谣无法断定产生的年代，本书所收入的歌谣一律按汉语拼音字母顺序排列。这样也有一个好处，就是便于广大读者检索。

歌谣的命名，有的根据内容概括出来（多为篇幅长者），有的用第一句作题目（多为篇幅短者）。本书所选的歌谣，不论长短，一律用第一句作题目，这样也是为了方便处理。

1949年以后，一些文化人士、幼教工作者为儿童所写的儿歌内容大多不错，却总是难于流传，究其原因主要是他们不了解儿童的年龄特点和心理特点，太流于说教的缘故。本书收入的一些儿歌，是可以给我们一些文化人士和幼教工作者在新儿歌的创作上以启迪和借鉴的。

作　者

2016 年 6 月 28 日

目　　录

R

S

附录

A

艾 叶 香

艾叶香，香满堂，
桃枝插在大门上。
出门儿一望麦子黄，
又吃粽子又收麦，
无处不是喜洋洋。

【简析】这是一首反映端午节习俗的生动画面的歌谣。端午节天气炎热，蚊蝇滋生，百虫蠕动，家家门插艾叶，妇女头戴艾叶，因为艾香好闻，又可以驱蚊虫。我们的祖先一直认为，桃木可以驱鬼辟邪，因此就有端午节插桃枝在门上的习俗。端午节正值麦收时节，又吃粽子又收麦，确实令人高兴，所以无处不是喜洋洋。

B

八 仙 桌

八仙桌，金镶边，
小小月饼往上端。
左边儿石榴，右边儿枣，
当间儿又摆大仙桃。
紫杜梨，红柿子，
当间儿又摆毛栗子。
毛豆角儿，两头儿尖，
小小的西瓜往上端；
钢刀切成莲花瓣，
一年四季保平安。

（选自《北平歌谣》Ⅱ）

扒着庙门儿

扒着庙门儿瞧娘娘。
娘娘搽着粉儿，
和尚噘着个嘴儿；
娘娘戴着花儿，
和尚光着秃脑袋瓜儿。

疤瘌眼儿

疤瘌眼儿，开茶馆儿，
一茶壶儿，俩茶碗儿。

【简析】这是孩童间跟上眼皮有疤痕的人开玩笑时所唱的歌谣。

把兄把弟

把[①]兄把弟，拉屎放屁，
吃饭找我，打架你去。

【注释】①把（bǎ）：拜把子的。

白薯干儿

白薯干儿，是主粮；
鸡屁股，是银行。

【简析】此歌谣产生于20世纪70年代。当时，随着大办高级社、人民公社以及“文化大革命”的影响，农业生产日渐凋敝，农民生活日益困苦，造成了吃饭以“吃白薯干儿”为主，花钱以“养鸡下蛋卖钱”为来源的局面。此歌谣是20世纪70年代农民在人民公社束缚下的极度贫苦生活的形象写照。

拜年

拜年拜到初五六，
又吃馒头又吃肉。

【简析】正月初五、初六一般为给亲戚拜年的时间，所以能够吃到好饭食（旧时百姓生活水平低下，能够吃到馒头、猪肉就是好饭食，不是过年节，是吃不到的）。

拜呀，拜呀（二首）

一

拜呀，拜呀，拜四方啊，
四方的犄角皮儿两张。

大红绸子夹袄，花儿挽袖；
二红绸子棉袄，金边儿扣。
一根柴呀，两根柴呀，
不论哥哥姐姐，替我拜一拜呀！
谁是姐？我是姐！
谁是妹？你是妹！
咱们姐儿俩是一对。

二

拜呀，拜呀，拜四方，
四方的犄角皮儿两张！
一根檯[①]呀，两根檯呀，
不论姐姐妹妹替我拜一拜呀。
桃花儿开呀，杏花儿谢呀，
谁管梅花儿叫姐姐呀？
谁是姐呀？我是姐呀！
谁是妹呀？你是妹呀！
咱们姐儿俩同一岁呀！
小锁子，什么锁？
金钢打来银钢锁，
笤帚疙瘩儿打不开。
你姓张来我姓段，
打个莲花儿我看看。

【注释】①檯（tǎi）：旧时男童冬季用作游戏的木棍，约二三尺长。

【简析】以上两首歌谣是小姑娘游戏时所唱的歌谣。

包工柜（三首）

一

包工柜[①]，真正坏，
借八毛，顶一块[②]。

二

恶霸包工柜，
好比九千岁，
送礼还得下一跪。

三

包工柜，黑心狼，
剥削工人买楼房。

（选自《北京的歌谣》）

【注释】①包工柜：承包煤矿开采的人。②借八毛，顶一块：一种放贷方式。把钱贷出时，即把利息扣除（北京地区叫这种扣除利息的办法为“坐地扣”）。如某人借 100 元，商定二分利，扣除 20 元利息，实际上借钱人只得到 80 元，到期还钱时，须还 100 元。此种借贷方式，现今依然有人采用。

【简析】这是京西煤矿工人对 1949 年前包工柜罪恶控诉的歌谣。

背背驮驮

背背驮驮，卖大萝卜。
背背抱抱，卖大扫帚。

【简析】这是一首儿童集体游戏歌谣。

碑儿头窝眍眼

碑儿头①，窝眍眼②，
顿顿儿吃饭挑大碗。
给他小碗儿他不要，
给他大碗他害臊。

【注释】①碑儿头：前额凸出的额头。②窝眍眼（wōkouyǎn）：眼眶凹陷的眼睛。

北京车真不少

北京车，真不少：
汽车、三轮儿满街跑，
电车①环行围城转，
火车开到前门站。
这些车子来比赛，

还是火车跑得快。

【注释】①电车：这里指当时的有轨电车。

【简析】这是对新中国成立初期的北京市内交通情况的歌颂。当时，北京城及郊区也就二百余万人，交通压力不大。

北京姑娘

北京姑娘有三宝：
话密①，人傻，心眼儿好。

【注释】①话密：爱说话。

【简析】这是电视剧《时尚女编辑》播出后，观众对北京姑娘的评价歌谣。

别怕，别怕

别怕，别怕！
跟着妈妈穿裤穿褂。
别号①，别号！
跟着妈妈穿裤穿袄。

（选自《北平歌谣》Ⅱ）

【注释】①号（háo）：大声哭叫。

【简析】这是妈妈清早哄孩子穿衣服时唱的歌谣。

冰棍儿败火

冰棍儿，败火①；
拉稀②，别找我！

【注释】①败火：指清热、凉血、解毒等。②拉稀：腹泻。

【简析】此歌谣流行于20世纪六七十年代，前两句是卖冰棍儿的叫卖辞，后两句为调皮的男童所添加。凡街上来卖冰棍儿的，就常有男童喊此歌谣。

咘 棱 咘 棱

咘棱咘棱①，卖大布②欸③！
又卖针儿，又卖线儿，
又卖老太太④裤脚儿带儿⑤。

【注释】①咘棱咘棱：货郎鼓的摇动声。②大布：现代织布机所织出的布，较老式织布机织出的布布幅宽，故名。③欸（ēi）：叹词。表示招呼。④老太太：年老的妇女。⑤裤脚儿带儿：用来扎裤腿儿的最下端的线带子。

不打勤勤的

不打勤勤[①]的，
不打懒的，
单[②]打不长眼[③]的。

【注释】①勤勤：勤谨，勤快。②单：副词。只，专门。③长眼：有眼力见儿。

【简析】此歌谣产生于20世纪40年代。日据时期、国民党统治时期经常让农民当夫，修路、挖壕、修炮楼等。当夫时干活儿一般都磨洋工，但监工的一来就得赶快干，否则就要挨棍棒。监工的来了当夫的没有看到，就算不长眼的，肯定就要挨打。此歌谣就是说的这种情况。

不带我来

不带我来[①]，搅棒柴；
打死我，还要来！

【注释】①来：参与（游戏或牌戏）。

【简析】这是别人不愿意跟自己在一起做集体游戏时所唱的儿歌。

不跟我玩儿

不跟我玩儿，我不玩儿，
我上南山盖房玩儿。
金豆子，银豆子，
开枪打你小舅子[①]。

【注释】①小舅子：妻弟。

不怕白脖儿闹得欢

不怕白脖儿[①]闹得欢，
就怕八路拉清单[②]。

【注释】①白脖儿：旧时的地方土匪武装，以经常抢掠百姓财物著称。身着黑色军服，脖子系白色领带，老百姓俗称他们“白脖儿”。②拉清单：开列名单。这里指抗日战争时期八路军开列某地方的汉奸恶霸名单（以作有计划地惩处用）。

不输不赢

不输不赢，屁股眼儿生[①]疼；
大包儿茶叶，浑身长疥。

【注释】①生：非常；极其。

【简析】这是玩输赢性游戏结果不输不赢时所唱的儿歌。

不知道（二首）

一

不知道，道不知，
给你俩钱儿[①]买屁吃。

二

不知道，喝马尿。
马尿臊，给你婆婆蒸年糕。

【注释】①俩钱儿：少量的钱，一些钱。

【简析】这是旧时女幼童常说的歌谣。

C

裁缝好熨斗

裁缝好[1]熨斗，鞋匠好楦头[2]，
木匠好墨斗[3]，说话好张口，
夜里好盏灯，做贼好伸手。

【注释】①好（hào）：喜爱。②楦头（xuàntou）：支撑鞋型的模型。③墨斗：木匠做木工活时打直线的用具。

采 青 菜

采青菜，采青菜，
采来青菜上街卖。
青菜叶子细又窄[1]，
十个大钱也买不来。
眼看秋风冷，
雪霰[2]一齐来。
哥哥嫂嫂穿得暖，

侄子侄女滚地圆[③]。
偏偏剩下我，
这没有爹娘的孩子谁来管[④]。
哥哥嫂嫂真枉然[⑤]，
半天空中一缕烟[⑥]。

【注释】①青菜叶子细又窄：说明菜鲜嫩。②霰（xiàn）：小雪粒。③滚地圆：说明衣服穿得又厚又多。④管：照管。⑤枉然：徒然；白费；没有用处。⑥半天空中一缕烟：比喻像不存在的事物一样。

馋 老 婆

馋老婆，馋老婆，
馋得简直没法儿说。
早晨刚刚起，
东家子串[①]来西家子挪。
一挪挪到二大妈家，
看见人家吃煮饽饽[②]。
馋老婆这时馋得了不得，
涎拉子[③]流了二尺多。
急急忙忙回家去，
拆被褥，洗被褥，
当[④]了银子二两多。
你猜她要做什么？
原来她也要吃煮饽饽。

她喜欢吃白菜馅儿，
羊肉十斤馅儿里搁。
馅儿拌得真叫好，
瞬间包好下了锅。
吃了一个又一个，
蒜瓣儿一就⑤美⑥得了不得。
馋老婆越吃越高兴，
一吃吃了二百多。
撑得身子动换⑦不了，
小命儿就要见阎罗⑧。
直到咽气⑨还喊叫：
“我吃煮饽饽！”

【注释】①串：串门儿。②煮饽饽：煮饺子。③涎拉子（xiánlāzi）：口水儿。④当（dàng）：用实物作抵押向当铺借钱。⑤就：进食时，佐以菜肴或其他食物或饮料。⑥美：得意，高兴。⑦动换：动弹，活动。⑧阎罗：佛教指管地狱的神。⑨咽气：人死断气。

长征两万五

长征两万五，不如跳个舞；
流血又流汗，不如台上站一站。

【简析】此歌谣产生于20世纪70年代。1974年，第四届人大会议召开，江青所抓的八个样板戏的主要演员都成了四届人大代表，于是产生了此歌谣。

车　夫（二首）

一

车夫[1]欢，车夫欢，
时来运转过难关。
从此努力新事业，
誓死不入胶皮团[2]！

（选自《北平歌谣》Ⅰ）

二

车夫苦，车夫苦，
骨瘦如柴容貌枯。
可怜终日勤奔走，
衣服褴褛[3]食不足。

【注释】①车夫：此处指人力车夫。②胶皮团：剥削人力车夫的车行。③褴褛：（衣服）破烂。

车轱辘车

车轱辘车，圆上圆，
脚跐[1]莲花上河南。
河南有个老爷庙[2]，
一边一杆大旗杆。
旗杆顶上着了火，
旗杆底下咕嘟[3]咕嘟冒黑烟。

每年都唱对台戏[4]，
今年唱出[5]跑马上刀山。
大姐搬个朝天凳[6]，
二姐搬个凳朝天。

【注释】①跐（cī）：踩。②老爷庙：关帝庙。③咕嘟（gūdū）：形容浓烟上涌。④对台戏：两个戏班子为了比试、较劲，而在同一地点演出同一出戏。⑤出：量词。戏曲一个独立剧目叫一出。⑥朝天凳：一种脚踏的高凳。

车轱辘圆（二首）

一

车，车，车轱辘圆，
家家门前挂红线。
红线厚，甩大袖，
一甩甩在门后头。
门后头，挂腰刀。
腰刀尖，顶大天。
天打雷，狗咬贼，
稀里哗啦又一回。

二

车，车，车轱辘圆，
家家门口儿挂红线。
红豇豆，绿豇豆，

马家的姑娘二十六。
穿红袄，甩大袖，
一甩甩到了门后头。
门后头，挂油刀，
油刀快，切白菜，
白菜老，切豆角儿。
豆角儿烂，摊鸡蛋。
鸡蛋鸡蛋壳壳①，
里头住着个格格②。
格格出来买菜，
里头住着个奶奶。
奶奶出来烧香，
里头住着个姑娘。
姑娘出来点灯，
烧了鼻子眼睛。

（选自《中国民间歌曲集成·北京卷》）

【注释】①鸡蛋壳壳：儿语，即鸡蛋壳儿。指鸡蛋最外边的硬皮儿。②格格：满族对公主或皇族女儿的称呼。

【简析】第一首歌谣是儿童作集体游戏时所唱的歌谣；第二首歌谣在《中国民间歌曲集成·北京卷》注为“北城儿歌”。

车 碰 车

车碰车，车出辙。
弓子弯，大线折①。

脚登板儿，刮汽车。
脚铃锤儿，掉脑壳。
执政府[2]，接活佛，
挂狗牌儿，坐一车。
不买票的丘八[3]哥，
没电退票，卖票的也没辙[4]。

【注释】①折（shé）：断（多用于棍状物或绳状物）。②执政府：一般指 1924—1926 年的北京段祺瑞政府。③丘八：旧时对兵的恶称。（“丘八”是“兵”的拆字）。④没辙：没有办法。

【简析】从这首歌谣的内容看，这是北洋政府时期的一首歌谣。军人乘有轨电车不买票，电车被撞坏不能行驶反而要求退票，售票人员也敢怒而不敢言。

车　呀

车呀，车呀，车轱辘圆哪，
家家门口儿挂黄钱哪。
黄钱[1]倒哇，狮子跑哇。
跑谁家呀？跑马家呀。
马家的姑娘二十六哇，
穿红袍哇，甩衣袖哇，
一甩甩到了门后头哇。
门后头，挂腰刀。
腰刀尖儿呀，顶蜡扦儿呀。

天打雷呀，狗咬贼呀。
稀里哗啦又一回呀！

【注释】①黄钱：上面刻有铜钱形的方形黄纸，过年时将一角贴在门楣上、窗户的上框上。

吃 豆 豆

吃豆豆，长肉肉；
不吃豆豆，精[①]瘦瘦。

【注释】①精：副词。用在湿、瘦等形容词前，表示“非常”。
【简析】这是劝小孩儿吃炒糖豆儿的歌谣。

吃面不搁酱

吃面[①]不搁[②]酱，炮打交民巷[③]。
吃面不搁卤[④]，炮打英国府[⑤]。
吃面不搁醋，炮打西什库[⑥]。

（选自《北京的歌谣》）

【注释】①面：煮熟的面条或汤面。②搁：放。③交民巷：原名江米巷，是清末所设的使馆区。④卤：指吃面时浇在面条上的卤汁。⑤英国府：指当时的英国驻华使馆。⑥西什库：指当时的西什库教堂。

【简析】这首歌谣产生于光绪二十六年（1900）京城闹义和团时期。

抽 大 烟

抽大烟，怎么那么得①？
细胳膊细腿儿大脑壳，
又卖房子又卖地，
老婆孩子怎么活？

【注释】①得：本应念 děi，因叶韵改念 dé。好，舒服。

【简析】此歌谣在说吸食鸦片的害处，劝人不要图一时痛快害了自己及家人。

抽 汉 奸

抽汉奸，打汉奸①，
棒子面儿②，一毛三；
抽不着，打不着，
棒子面儿，卖两毛。

【注释】①汉奸：日据时期（1937—1945），北京儿童把玩具陀螺叫汉奸。把用鞭子玩陀螺叫抽汉奸。②棒子面儿：玉米面。

出了门儿

出了门儿，阴了天儿。
抱着个肩儿[1]，进茶馆儿，
靠炉台儿，找个朋友寻[2]俩钱儿。
出茶馆儿，飞雪花儿。
老天爷，净[3]和穷人闹着玩儿[4]。

（选自《北平歌谣》Ⅱ）

【注释】①抱肩儿：将两手分别放在自己的两臂。②寻（xín）：讨要。③净：总是。④闹着玩儿：开玩笑。

出门儿难

出门儿[1]难，出门儿难，
又当女，又当男，
衣裳破了自己联[2]。

【注释】①出门儿：指男子独自在外地谋生。②联：大针脚缝。

【简析】此歌谣是说男子独自离乡在外打工生活的不易。

初一初二初三初四

初一初二初三初四，
秃妈养活①个秃宝贝。
吃秃砸儿②，叫秃妈儿，
秃了屁股秃脑瓜儿。

【注释】①养活：生。②秃砸儿：乳头过小，孩子吃奶时叼不住的乳房。

初一高粱初二谷

初一高粱，初二谷。
初三初四收①糜黍②。
初五六，黄黑豆。
初七八，芝麻瓜。

【注释】①收：丰收。②糜黍：糜子和黍子。通常指黍子。
【简析】这是正月里哪天天气好就象征什么庄稼丰收的歌谣，当然实际并非如歌谣所说。

穿得破吃得好

穿得破，吃得好。
说得多，干得少。
一人一块大手表。
月底月初往家跑，
进城理发又洗澡。

（选自赵大年《插队风情画》）

【简析】这首歌谣产生于20世纪70年代，反映了当时农民对下乡锻炼干部的看法。

春　麦　秸

春麦秸，碾子台，
黑夜做梦姐姐来。
姐姐爱吃过水面，
套上驴来磨三遍[①]。
粗罗筛，细罗过[②]，
盆里和[③]，板上按[④]，
拿起钢刀切细面。
切的面，好似线，
下到锅里团团转，
盛到碗里莲花瓣。
姐姐尝尝咸和淡，

也不咸，也不淡，
妹妹做的好体面的饭。

【注释】①滥：量词。磨面时研磨和过罗的遍数。②过：筛。③和：音 huó。④按：揉压。

春饮萝卜汤

春饮[1]萝卜汤，
夏饮绿豆汤，
百病不生身硬朗[2]。

【注释】①饮：喝。②硬朗：身体强健（只用于老年人）。

【简析】这是一首保健歌谣，是说春天喝萝卜汤、夏天喝绿豆汤对身体健康有利。

从东坡到西坡

从东坡，到西坡，
捡了一只破毛窝[1]，
到家烧铁锅。
四两羊肉大炒着，
媳妇儿吃，媳妇儿喝。
媳妇儿没气，我站着，

媳妇儿有气，我跪着，
小油灯儿，我顶着，
小尿盆儿，我捧着，
孩子醒了，我哄着。

（选自《北平歌谣》Ⅱ）

【注释】①毛窝：厚大的棉鞋（一般不吊里儿）。

【简析】这是一首怕老婆的歌谣。旧社会妇女社会地位低下，丈夫略微对老婆好些、娇宠些，就有可能被讥为怕老婆。因此，在北京地区怕老婆的歌谣很多。

D

褡裢儿褡（二首）

一

褡裢[1]儿褡，褡裢儿褡，
我和褡裢儿做亲家[2]。
亲家的姑娘病得沉[3]，
请了个大夫把脉诊。
开了个药方儿把药寻：
蚊子胆，虼蚤[4]心，
苍蝇翅膀儿要半斤。

二

褡裢儿褡，褡裢儿褡，
我和褡裢儿做亲家。
亲家的姑娘会梳头，
一梳梳到麦子熟。
麦子磨成面，芝麻磨成油；
黄瓜上了架，茄子打提溜[5]。

【注释】①褡裢：中央开口儿，两端装东西的口袋。分大小两种，大的用时搭在肩上，小的用时搭在腰带上。②亲家（qìngjia）：A. 两家儿女联姻的关系。B. 称儿子的岳父岳母或女儿的公婆。③病得沉：病情严重。④虼蚤（gèzao）：跳蚤。⑤打提溜：此处意思为果实下坠。

打花巴掌的

打花巴掌的正月正，
老太太爱逛个莲花儿灯，
烧着香儿念着佛儿，
茉莉茉莉花儿串枝莲儿。

打花巴掌的二月二，
老太太爱吃个白糖棍儿，
烧着香儿念着佛儿，
茉莉茉莉花儿串枝莲儿。

打花巴掌的三月三，
老太太爱抽个关东烟，
烧着香儿念着佛儿，
茉莉茉莉花儿串枝莲儿。

打花巴掌的四月四，
老太太吃鱼不择[①]刺，
烧着香儿念着佛儿，

茉莉茉莉花儿串枝莲儿。

打花巴掌的五月五，
老太太爱吃个烤白薯，
烧着香儿念着佛儿，
茉莉茉莉花儿串枝莲儿。

打花巴掌的六月六，
老太太爱吃个白煮肉，
烧着香儿念着佛儿，
茉莉茉莉花儿串枝莲儿。

打花巴掌的七月七，
老太太爱吃个白煮鸡，
烧着香儿念着佛儿，
茉莉茉莉花儿串枝莲儿。

打花巴掌的八月八，
老太太爱吃个白炖鸭，
烧着香儿念着佛儿，
茉莉茉莉花儿串枝莲儿。

打花巴掌的九月九，
老太太爱吃个白莲藕，
烧着香儿念着佛儿，
茉莉茉莉花儿串枝莲儿。

打花巴掌的十月十，

老太太爱吃个雪花梨，
烧着香儿念着佛儿，
茉莉茉莉花儿串枝莲儿。

【注释】①择（zhái）：把某种食材中无用的东西挑出或把上面无用的东西清除掉。

【简析】这是女孩儿做游戏时所唱的歌谣。做此游戏时，二人对面盘腿坐着交互击掌。

打了粮食

打了粮食是保长①的，
生了孩子是老蒋②的。

【注释】①保长：国民政府时期，一般一个村子为一保，超过二百户的大村，每百户为一保。保的负责人为保长，负责全保的行政事务。②老蒋：指蒋介石（1887—1975）。1928—1949年，蒋介石曾统治中国大陆。

【简析】此歌谣产生于1947—1948年间。当时国共内战，国民党当局大量征粮征兵。

打罗儿筛（二首）

一

打罗儿[①]筛[②]，曳[③]罗儿筛，
该[④]我的面钱不拿来。
多会儿[⑤]拿来？
逛灯[⑥]拿来。
什么灯？
小脚儿蹬。
一蹬蹬了个大窟窿。

（选自《北平歌谣》Ⅰ）

二

打罗儿筛，曳罗儿筛，
麦子熟了请你伯[⑦]。
你伯爱吃肉儿，
你叔爱吃豆儿。

（选自《北京的歌谣》）

【注释】①罗儿：面罗。②筛：筛面。③曳（yè）：拉。④该：欠。⑤多会儿：疑问代词。什么时候。⑥逛灯：正月十五灯节外出赏灯。⑦伯（bāi）：伯父。

打南来了个秃丫头

打南来了个秃丫头，
胳膊上挎着个破笸斗[1]，
里头有堆羊骨头。
伸手拿骨头，
送在嘴里啃骨头。
那边儿来了个大马猴[2]，
来抢羊骨头。
身后跟着个大花狗，
要咬大马猴。
地下有块破砖头，
绊倒了秃丫头，
撒了羊骨头。
狗咬大马猴，
摔坏了破笸斗。

【注释】①笸斗：用柳条编的样子像斗的一种容器。②马猴：体态较大的一种猴子。

打是亲骂是爱（二首）

一

打是亲，骂是爱，
不打不骂没交情。

二

打是亲，骂是爱，
稀罕[1]够了着[2]脚踹。

【注释】①稀罕：喜爱。②着（zhāo）：拿，用。

打 头 呔

打头[1]呔[2]！一只鞋；
打二呔！充[3]大爷；
打三呔！吃包子；
打四呔！挨刀子。

【注释】①打头：排在第一个；领头儿。②呔（dāi）：同“的”。与前面词语结合，意为“的人”。一般出现于打招呼或提醒语句的末尾。③充：假装，冒充。

大 白 豆

大白豆，做饭甜，
养活闺女不值钱。
三斤豆腐二两酒，
送到婆婆大门口。

大肚儿汉

大肚儿汉[①]，能吃不能干，
挑[②]俩尿泡[③]累身汗。

【注释】①大肚儿汉：饭量大的人。②挑：肩担。③尿泡（suīpao）：膀胱。

【简析】此歌谣是在讥讽饭量大的人（有开玩笑的意味）。

大肚子

大肚子，开铺子；
没本钱，卖裤子。

（选自《北平歌谣》Ⅱ）

大公鸡绿翎儿

大公鸡，绿翎儿，
天上挂着个油瓶儿。
得儿酥，得儿酥，
荞麦地里赶猪。
叮当打瓦，柳叶儿糖酥。

大公鸡上草垛（二首）

一

大公鸡，上草垛，
一上上了七八个。
拣着好的都卖了，
一剩剩个拙老婆。
叫她刷碗不刷碗，
跑到锅里洗洗脸；
叫她刷锅不刷锅，
跑到锅里洗洗胳肢窝；
叫她扫地不扫地，
刨个坑儿放个屁。

二

大公鸡，上草垛，
一寻[①]寻个拙老婆。
叫她扫地不扫地，
刨个坑儿就放屁；
叫她刷碗不刷碗，
跳到碗里洗大纂[②]；
叫她刷锅不刷锅，
跳到锅里洗胳肢窝[③]；
叫她刷缸不刷缸，
跳到缸里洗裤裆[④]；
叫她刷碟不刷碟[⑤]，
跳到碟里拉屎橛；

叫她摘茄子不摘茄子，
站在当院⑥骂老爷子。

【注释】①寻（xín）：讨（老婆）。②纂：妇女盘在头后边的扁圆形发髻。③胳肢窝：腋窝。④裤裆：裤子的腿裆部分。⑤碟：碟子。⑥当院：院中。

大 姑 娘

大姑娘，十几嘞？
过了年，该娶嘞！
一对龙，一对凤，
金瓜钺斧朝天镫。
乐①得大姑娘满炕蹦②。

【注释】①乐：高兴。②蹦：蹦跳。

大姑娘大（二首）

一

大姑娘大，二姑娘二，
大姑娘出门子①给我个信儿。
搭大棚，贴喜字儿；
牛角灯，二十对儿；

娶亲的太太两把儿头[②]，
送亲的太太耷拉[③]翅儿[④]。

二

大姑娘大，二姑娘二，
二姑娘出门子给我个信儿。
搭大棚，贴喜字儿，
龙凤围桌红官座儿。

【注释】①出门子：出嫁。②两把儿头：旧时满族女子的一种发式。③耷拉：下垂。④翅儿：帽翅儿。

大　寒

大寒[①]，大寒，防风御寒；
早[②]喝人参黄芪酒[③]，
晚[④]服杞菊地黄丸[⑤]。

【注释】①大寒：农历一年中二十四节气的最后一个节，在1月20日或21日，是一年中最冷的时候。②早：早晨。③人参黄芪酒：一种中药药酒。④晚：晚上。⑤杞菊地黄丸：一种中成药。

【简析】此为中医养生歌谣。人参、黄芪、枸杞、菊花、地黄皆为中药。

大　脚　大

大脚大，大脚大，
阴天下雨都不怕；
大脚好，大脚好，
阴天下雨摔不倒。

【简析】旧时，汉族妇女一直有缠足的习俗，认为小脚儿好看，天足者被人看不惯。此首儿歌是对天足者的嘲笑。

大麻子秸（二首）

一

大麻子[1]秸，二麻子秸，
隔着墙儿叫姐姐。
姐姐打了二两油[2]，
妹妹跟她伙梳头。
姐姐梳个好燕儿尾，
妹妹梳个滚绣球。
姐姐戴个金簪子，
妹妹戴个竹签子。
姐姐骑个好白马，
妹妹骑个树卡杈[3]。

二

大麻子秸，烧热炕，
爷爷打鼓奶奶唱。
一唱今年春光好，
照得大地亮堂堂。
二唱小麦翻金浪，
馒头饺子白面汤。
三唱棉桃儿挂满枝，
今年定要换新装。
平时多流几滴汗，
秋后多打万石粮。

【注释】①大麻子：蓖麻。②油：指梳头油。③树卡杈（shùkǎcha）：树干上端树杈的相分处。

大拇哥（三首）

一

大拇哥[①]，二拇弟，
中指楼，唱大戏。
小妞妞儿[②]，爱听戏，
一听听到日平西。

二

大拇哥，二拇弟，
钟鼓楼，护国寺。

小妞妞儿，手棋盘，
胳臂腕儿，擓[③]花篮儿，挑水担儿。
饭饱儿，闻香儿，
看亮儿，毛毛虫，
天灵盖儿，小蒲扇儿，
单打 ×× 后脑勺儿。

三

大拇哥，二拇鹅，
三掌柜，李四德，
小妞妞儿，来过河。

【注释】①大拇哥：拇指。②小妞妞儿：这里指小指。③擓（kuǎi）：挎。

【简析】第二首歌谣是母亲在哄婴儿时让孩子坐在自己的腿上，然后指着孩子身体的一些部位所唱的歌谣。从大拇哥到小妞妞儿，用手指分别点孩子的五个手指，下面依次点孩子的手掌、手腕、肘臂、肩部、嘴、鼻子、眼睛、眉毛、头顶、耳朵、脑后部等。实际上，这是在告诉孩子肘、肩、口、鼻、眼等身体各部位有何用处。第三首歌谣分别指的是拇指、食指、中指、无名指和小指。

大娘子喝酒

大娘子喝酒，二娘子筛，
三娘子捧过小菜碟儿来，

四娘子来回去端菜，
五娘子一旁把座儿安排，
她说大家凑个团圆会，
划拳行令儿乐开怀。

大柿子（二首）

一

大柿子，圆又圆，
外头红来里头甜。
有爹有妈甜如蜜，
没爹没妈苦如黄连。

（选自《北平歌谣》Ⅰ）

二

大柿子，长得红，
谁的女婿[1]谁不疼？
白水梨[2]，挑街卖，
谁的媳妇儿谁不爱？

（选自《北平歌谣》Ⅱ）

【注释】①女婿：北京方言指丈夫。②白水梨：梨的一种。

大　头

大头，大头，下雨不愁，
别人有伞，我有大头。

【简析】这是对头大的小朋友的讥嘲歌谣，现在京城的小学生依然用此歌谣嘲笑头大的小朋友。

大秃子得病

大秃子得病，二秃子慌，
三秃子请大夫，
四秃子熬姜汤；
五秃子抬，六秃子埋，
七秃子哭着走进来。
八秃子问他哭什么，
“我家死了个秃乖乖！”
快快儿抬，快快儿埋，
别让那个葫芦子儿迸出来！

（选自《北平歌谣》Ⅰ）

大秃子有病

大秃子有病，二秃子慌。
三秃子去买米，
四秃子做饭汤。
五秃子去买板[1]，
六秃子去打眼[2]。
七秃子抬，八秃子埋，
九秃子走近哭起来。
十秃子说咱们家死了个秃葫芦：
“走城里，掉大腿，
走城外，掉棺材盖，
走金家窑，掉后脑勺[3]。”

【注释】①买板：指买棺材板。②打眼：在棺材板上打眼儿，以钉成棺材。③“走城里，走城外，走金家窑”三句：意为出殡时从城里走、从城外走、从金家窑走都不好。

大总统洪宪年

大总统[1]，洪宪[2]年，
正月十五吃汤圆。
汤圆、元宵一个娘，
洪宪皇帝命不长。

【注释】①大总统：指袁世凯（1859—1916），他曾当过中

华民国首任大总统。②洪宪：袁世凯准备恢复帝制所确定的年号，决定以1916年为洪宪元年，后帝制被迫取消，洪宪年号也随之消失。

【简析】据说，袁世凯窃得大总统权力以后认为元宵谐音"袁消"，对他很不吉利，于是下令将元宵改称"汤圆"。这个命令并没有给他带来好运，他决定恢复帝制以后很快就被迫宣布取消帝制，不久他也就一命呜呼了。所以京城百姓编了此歌谣讽刺他。

单干户儿

单干户儿[①]，下饭铺儿[②]。

【注释】①单干户儿：未加入互助合作组织的农户。②饭铺儿：小饭馆儿。

【简析】此歌谣产生于20世纪50年代。农业合作化初期，由于种种原因，农业生产合作社多数搞得不好，使生产普遍下降，而不入社的"单干户儿"的生产往往比合作社的强，生活比入社的社员好。所以产生了此歌谣。

当当当（二首）

一

当[①]！当！当！
小孩儿要吃糖。
大人不给买，
哇哇哭一场。

二

当！当！当！
小孩儿要吃糖。
大人不给买，
小孩儿没钱儿。

【注释】①当：敲击小铜锣的声音（旧时走街串巷卖糖果者敲击小铜锣招徕顾客）。

点　牛　眼

点，点，点牛眼。
牛眼花，
一根芝麻两根瓜。
有钱的，买着吃；
没钱的，去[①]了它！

【注释】①去：卖（田产）。

【简析】这是奶奶或妈妈哄孩子时，一边用二拇指轮换点孩子的脚趾一边唱的歌谣。

叮当叮当

叮当，叮当，
我是一个小木匠。
修桌子，修板凳，
还会修理床。
伐树木，造桥梁，
来往行人都赞扬。
叮当，叮当，
我是一个小木匠。

【简析】这是新中国成立初期对儿童进行热爱劳动和热爱劳动人民的教育的歌谣。

叮儿当儿

叮儿当儿，卖线儿嘞！
不卖绸子，卖缎儿嘞！

【简析】这是多个女童前后拉扯玩耍时唱的歌谣。

东片瓦西片瓦

东片瓦，西片瓦，
十七岁的媳妇儿就守寡[①]。
“哎呀，我的天啊！”

东片井，西片井，
孩子醒了没人哄。
“哎呀，我的天啊！”

东片草，西片草，
还是有个老头儿好。
“哎呀，我的天啊！”

【注释】①守寡：死了丈夫以后不改嫁。

东 西 街

东西街，南北走，
出门儿碰见人咬狗。
拿起茄子去熬菜，
一熬[①]熬了半锅臭豆腐。
张三吃了两大碗，
馋得李四白瞪眼。
拿起狗来去投[②]砖，
又怕砖头咬了手。

【注释】①熬（āo）：一种最简单的做菜方法，就是把蔬菜等放在锅里煮。②投：向一定方向或一定目标扔。

东　岳　庙

东岳庙[1]，东廊下，
东廊下有个墩儿，
蹲着个金眼绿毛龟儿。
解[2]南来了个鬼儿，
挑着一担水儿。
撂[3]下水儿捡根棍儿，
单打金眼绿毛龟儿的腿儿。

（选自《北平歌谣》Ⅱ）

【注释】①东岳庙：坐落在北京朝阳门外神路街，始建于元延祐六年（1319），为道教张天师正一派在华北地区的第一座大庙。20 世纪 40 年代逐渐破败，新中国成立后被改作他用。今遗存，正在修复。②解：介词。从，自。③撂：放。

东　直　门

东直门，挂着匾，
隔壁儿[1]就是俄使馆。
俄使馆，照电影，

隔壁儿就是四眼井。
四眼井，不打钟，
隔壁儿就是雍和宫。
雍和宫，有大殿，
隔壁儿就是国子监。
国子监，一关门，
隔壁儿就是安定门。
安定门，一甩手，
隔壁儿就是交道口。
交道口，跳三跳，
隔壁儿就是土地庙。
土地庙，求灵签，
隔壁儿就是大兴县②。
大兴县，不问事③，
隔壁儿就是隆福寺。
隆福寺，卖葫芦，
隔壁儿就是四牌楼。
四牌楼南，四牌楼北，
四牌楼下喝凉水。
喝凉水，怕人瞧，
隔壁儿就是康熙桥。
康熙桥，不白来，
隔壁儿就是钓鱼台。
钓鱼台，没有人，
隔壁儿就是齐化门④。
齐化门，修铁道，
南行北走不绕道。

【注释】①隔壁儿（jièbǐr）：邻居。②大兴县：旧时东城属大兴县管辖，大兴县县衙就在城内，今作为文化遗址犹存。③不问事：不处理政务。④齐化门（Qíhuamén）：即今朝阳门。

咚咚嚓（二首）

一

咚咚嚓[①]，咚咚嚓，
庙里头和尚没有头发。

二

咚咚嚓，咚咚嚓，
庙里和尚死了仨。
仨抬的，仨埋的，
还有仨起不来的。

【注释】①咚咚嚓：打锣鼓的声音。

咚咚咚

咚咚咚，鼓儿响。
张郎来娶李家娘。
扶持[①]新娘上了轿，
轿子一起[②]抬走了。

爹爹跺跺脚，
妈妈哭坏了。
爹爹说：赔钱货。
妈妈说：坑[③]了我。
走走走，再休提[④]！
谁再要女儿谁是驴！

【注释】①扶持：搀扶。②起：离开地面。③坑：坑害。④休提：不要谈起。

【简析】此歌谣反映了旧社会重男轻女的社会现实。

斗虫斗虫飞（二首）

一

斗虫斗虫飞，
虫儿拉屎一大堆。
大虫往家跑，
小虫儿后头追。

二

斗虫斗虫飞，
飞到南边儿吃米堆。
米堆大，吃不下；
米堆小，吃到了[①]。

【注释】①了（liǎo）：完。

豆芽儿菜

豆芽儿菜，水蓬蓬，
谁家的媳妇儿打公公？
公公拿着拐棍儿拐，
媳妇儿拿着袖口儿甩。

（选自《北平歌谣》Ⅱ）

【简析】这里“拐”“甩”都是“打”意。

杜梨儿树

杜梨儿树，开白花，
养活丫头做什么？
拿起针线瞎联扯①，
拿起剪子瞎轧嗒②，
全都会了给人家。
爹也哭，娘也哭，
女婿过来劝丈母：
“丈母，丈母，您别哭！
我家还有二斗谷。
碾小米儿，熬豆儿粥，
饿不死你的秃丫头！”

【注释】①瞎联扯：胡乱缝联。②轧嗒（gáda）：反复剪空剪子玩儿。此处的“瞎轧嗒”意为胡乱剪裁。

肚儿疼（二首）

一

肚儿疼，叫老熊。
老熊没在家，
找你们老哥儿仨。
老哥儿仨不会喝酒，
撅着尾巴就走。

二

肚儿疼，叫老羸：
“拿快刀儿，刺屎包儿！”

【简析】这是小孩子肚子不舒服时，妈妈把他抱在腿上，一边给他揉肚子一边唱的歌谣。

队伍也买快枪

队伍也买快枪①，
老百姓也买快枪，
嘭儿啪②一放就完，
白面这么涨钱。

【注释】①快枪：现代步枪。②嘭儿啪：拟声词。模拟枪的响声。

【简析】此歌谣1948年产生于北京城内。当时战争气氛浓烈，物价飞涨，社会不稳。

队长队长（二首）

一

队长，队长，
吃了喝了一躺；
活儿干得不多，
粮食不少扛。

二

队长，队长，别着急！
牲口死了人拉犁；
队长，队长，别生气！
牲口死了人耕地。

【简析】第一首歌谣产生于20世纪50年代合作化时期，当时一些生产队长经常不出工而照样记工分，凭所记的工分分粮食。第二首歌谣产生于20世纪50年代合作化的高级社时期，由于高争购造成农民粮食短缺，人畜吃不饱，牲畜大量死亡，给生产造成很大困难。此歌谣是对这种现象的讥讽。

队长犯错误

队长①犯错误，书记②来帮助。
女的管男的，……（此处失记）
揪出狗地主，演出就结束。

【注释】①队长：这里指游击队队长或生产队队长。②书记：指党支部书记或党委书记。

【简析】此歌谣产生于“文革”后期。在“文化大革命”中，文艺政策上贯彻江青的“三突出”“高大全”原则，使文艺创作上出现了严重的公式化现象。当时创作的多数文艺作品，如《海港》《杜鹃山》等都符合上面歌谣所概括的情形。

剁 梁 刚

剁[①]，剁，剁梁刚；
梁刚的媳妇儿会耍枪[②]。
一耍耍到白瞪眼儿，
不多不少十六点儿。

【注释】①剁：把东西放在平面处用刀砍。②枪：此处指冷兵器刀枪剑戟的枪，并非现代步枪。

E

二姑娘二

二姑娘二，二姑娘二，
二姑娘出门子给我个信儿。
搭大棚，贴喜字儿，
娶亲的太太奁拉翅儿，
八团褂子[1]大开气儿。
四轮马车[2]，双马对儿，
箱子匣子都是我的事儿。

【注释】①八团褂子：清代的官服。②四轮马车：欧式马车（我国马车为两轮），清末时出现在我国。俩马拉四轮马车，表示阔气、气派、时尚。

二郎爷

二郎爷，本[1]姓刘，
身穿件，破弓衲头。

手拿金弓银弹子，
梧桐树上去打牤牛[②]。

【注释】①本：此处无意。在讲唱文学中，常常为了凑足音节而放在姓前。②牤牛（māngniú）：公牛。

二人进绣房

二人进绣房，夫妻在一旁，
坐在椅子上，瞧瞧花幔帐[①]。
夫说：多少银钱买它到家乡。
妻说：不用银钱拙手把它绣上。
一绣凤凰[②]双展翅，
一绣小鸟在树上，
一绣荷花漂水上。

【注释】①幔帐：挂在床上起遮挡作用的织物。②凤凰：古代传说中的百鸟之王，雄的叫凤，雌的叫凰。

二十九军大刀队

二十九军大刀队，
杀得鬼子往后退；
眼看着[①]日本要完国[②]，

全仗着[3]飞机坦克车。

【注释】①眼看着：某种情况马上就要出现。②完国：借指完蛋。③全仗着：完全倚仗。

【简析】此歌谣反映了 1937 年 7 月 7 日卢沟桥事变的情况。当时日本军队诡称寻找一个失踪的士兵，悍然发动向中国驻军的进攻。中国军队二十九军在军长宋哲元的带领下奋起抵抗，尤以大刀队的奋勇杀敌最为壮烈，所以有此歌谣。

二 呀 二

二呀二,二姑娘二，
二姑娘娶[1]时我听信儿。
搭大棚，贴喜字儿，
蒸馒头，安枣儿，
娶亲[2]的太太大脚儿。

【注释】①娶：出嫁。②娶亲：到女家去迎亲。

二月二（四首）

一

二月二，接宝贝儿；
接不来，掉眼泪儿。

二

二月二，龙抬头①，
大囤满，小囤儿流。

三

二月二，敲房梁，
蝎子、蚰蜒无处藏；
二月二，敲锅底，
烧陈柴，吃陈米。

四

二月二，摊②煎饼；
拉稀屎，灌先生③。

【注释】①龙抬头：指到了二月二阳气已经开始回升，大地开始回暖，龙已经结束了一冬的蛰伏状态。②摊：把糊状的食物原料倒在平底锅中使成为薄片烤熟。③先生：此处指教书先生，即私塾老师。

【简析】第一首歌谣反映了旧时北京有二月初二接姑娘回娘家的习俗。第二首歌谣反映了农民过二月二节时对本年度丰收的企盼。第三首歌谣反映了百姓对富裕生活的企盼（旧时农家有陈柴、陈米被认为是日子富裕，不似今日认为吃陈米不利于身体健康）。旧时私塾老师经常体罚学生，第四首歌谣反映了旧时师生的对立情绪。

F

发昏当不了死

发昏当不了死，慢走当不了歇。
公公当不了爹，儿媳妇儿当不了亲闺女。

【简析】此歌谣主要在说明后者，儿媳妇儿多好也不如自己的闺女亲。

发行金圆券儿

发行金圆券儿①，真是瞎扯淡。
拿来一万块，买不到二斤棒子面。

（选自《北京的歌谣》）

【注释】①金圆券儿：国民政府于 1948 年发行的一种纸币。

【简析】发行金圆券儿，本来是为了抑制通货膨胀、法币崩溃的局面，没想到反而加重了这种局面。金圆券儿发行以后，物价继续飞涨，商品一会儿一个价，闹得到处人心惶惶，全国各大城市都掀起了抢购风。此歌谣就反映了当时的这种情况。

翻饼烙饼

翻饼，烙饼，
油炸馅儿饼。
翻过来，我瞧瞧，
叽里咕噜一个饼。

【简析】这是一首旧时女童游戏时的歌谣。两个女童对面站立，各自双双伸臂握住对方的手，一边唱此歌谣，一边做翻转动作。

粉皮墙上画活佛

粉皮墙①上画活佛，
活佛左手托着钵，
右手戴着紫金镯。
紫金镯上錾着六个字：
南无阿弥陀佛。

【注释】①粉皮墙：石灰粉刷的白墙。

风来嘞雨来嘞（二首）

一

风来嘞，雨来嘞，
老和尚驮着鼓来嘞！
（流行于城内）

二

风来嘞，雨来嘞，
王八驮着鼓来嘞！
（流行于部分郊区和农村）

【简析】这是儿童在风雨到来时喊的歌谣。“老和尚驮着鼓来嘞”和“王八驮着鼓来嘞”，都是指风雨到来时同时响起的雷声。

风 娘 娘

风娘娘，送风来，
骑着毛驴儿解东来。
拿着口袋撒风来。

伏 鸡 儿

伏鸡儿[①]，伏凉儿[②]，
大肚儿，灌肠儿。

【注释】①伏鸡儿：夏天的一种蝉，较蛐蟟体小，体呈灰色（蛐蟟体呈黑色）。②伏凉儿：立秋以后伏在树的较低处的一种小蝉。

【简析】这是孩童听到蝉在树上有节奏的阵阵鸣叫时所唱的歌谣。

G

该人家钱不还

该人家钱不还，眼子[①]冲[②]南；
该人家钱不给[③]，眼子冲北。

【注释】①眼子：屁股。②冲：朝；向。③给：偿还。

【简析】这是顽皮的男童所唱的歌谣。意为欠别人的钱应该及时还人家。

赶 车 呔

赶车呔，别害怕，
灯笼点着一支蜡。
赶车的，别跨辕[①]，
爸爸给你俩大钱。
赶车呔，别往东，
东边儿有个死人坑。
赶车呔，别往南，

南边儿有个死人船。
赶车呔，别往西，
西边儿有个死人皮。
赶车呔，别往北，
北边儿有个死人腿。

【注释】①跨辕：在车辕外侧斜坐在车辕上（赶车）。

干 不 干

干不干，三顿饭；
学不学，社大爷。

【简析】此歌谣产生于20世纪70年代。当时知青插队已进入末期，北京知青插队只去郊区，已经缺少了当年知青的插队热情。此歌谣反映了当时知青插队劳动锻炼时的消极情绪。

感情深一口闷

感情深，一口闷；
感情浅，舔一舔。
只要感情有，
什么都是酒。

【简析】这是酒桌上劝酒的歌谣。中国历来有在饭桌上劝酒的习俗，认为真挚的感情要从豪饮上表现出来。歌谣原只有上面两句，后两句是不会饮酒或不饮酒者后加的。

高高山上一棵麻（二首）

一

高高山上一棵麻，
两个蛐蛐儿往上爬。
一个蛐蛐儿爱喝酒，
一个蛐蛐儿爱喝茶。
酒也不喝，茶也不喝，
支起锣鼓唱秧歌。
唱得好来别说好，
唱得不好别打我。

二

高高山上一棵麻，
有个季鸟儿往上爬。
我问季鸟儿[①]为何爬？
它说渴了要吃麻。

【注释】①季鸟儿：有人也写成“鸡鸟儿”，一种蝉。

高高山上一窝猪

高高山上一窝猪，
两口子打架孩子哭。
孩子孩子你别哭，
等着我打那个老丈夫。

（选自《北平歌谣》Ⅰ）

高高山上一座楼

高高山上一座楼，
三个姑娘去梳头。
大姐梳的盘龙髻，
二姐梳的赛花楼，
三姐没的梳，
一梳梳了个狮子滚绣球。
大姐坐的是金板凳，
二姐坐的是银板凳，
剩下三姐没的坐，
一坐坐在一盘磨。
大姐抱着个金娃子，
二姐抱着个银娃子，
三姐没的抱，
一抱抱着个树卡杈。

高高山上一座小庙儿

高高山上一座小庙儿，
里头住着个神道儿，
头上戴顶罗帽儿①，
身上穿件外套儿。
两个小鬼喝道儿②，
四个小鬼抬着藤轿儿。
出了门儿一绕儿，
出巡③回来归庙儿。

【注释】①罗帽儿：一种稀疏的丝织品所做的帽子。②喝道（hèdào）：古代官员出行时，前面仪仗人员鸣锣呼喊，叫街上行人躲开回避。③出巡：外出。

高高山上有个小庙儿

高高山上有个小庙儿，
里头住着个神道儿①，
头戴草帽儿，
身穿蓝罩儿②，
腿穿皮套儿，
腰系草缨儿③。
四个小鬼儿抬轿儿，
两个小鬼儿嗡儿哇嗡儿哇吹号儿。
解南来了一个青春年少儿，

手里提溜[4]千张元宝两吊儿，
进庙儿，求个怀抱儿。
给我怀抱儿还罢了[5]，
不给我怀抱儿，
点把火，灰儿哗儿[6]烧你的小庙儿。
神道儿闻听[7]心好恼，
叫声小鬼儿发票儿[8]，
快拿[9]青春年少儿！
吓得青春年少儿，
咕嘟咕嘟冒泡儿。

（选自《北平歌谣》Ⅰ）

【注释】①神道儿：神。②蓝罩儿：蓝色罩衣。③草缨儿：草绳。④提溜（dīliu）：提（tí）。⑤了：读 liǎo。⑥灰儿灰儿：火焰小而旺的样子。⑦闻听：听到（常用于民间文学的唱词中）。⑧票儿：此处指传票。⑨拿：捉拿。

高高山上有一家

高高山上有一家，
十间房子九间塌。
老头子出来拄拐棍儿，
老婆子出来就地儿擦[1]。
看家的狗儿三条腿，
避鼠[2]的狸猫[3]短[4]个尾巴。

（选自《北平歌谣》Ⅱ）

【注释】①就地儿擦：意思是说不能站起来，坐在地上往前一蹭一蹭地挪动。②避鼠：使老鼠害怕。③狸猫：一种哺乳动物。外形像家猫，性凶猛，吃鸟、鼠、蛇、蛙等。也叫豹猫、山猫。④短：少。

高 粱 树

高粱树，高粱高，
高粱树上结花椒。
蠓虫[①]下了一个天鹅蛋，
耗子叼着梨花儿猫。

【注释】①蠓虫（měngchong）：一种非常小的昆虫。

疙瘩疙瘩散散

疙瘩[①]，疙瘩，散散！
别叫亲娘看见！

【注释】①疙瘩：孩子玩耍时头部因磕碰形成的肿包。

【简析】这是在孩子磕碰头起包后哭闹时，大人把孩子搂在怀里，边给孩子揉肿起部分边说的歌谣，起到安定孩子身心的作用。

哥哥妹妹来赛跑

哥哥妹妹来赛跑，
谁先跑到谁先好。
不，我们年纪小，
哥哥一定先跑到。
还是大家努力跑，
谁快谁慢不计较，
跑，跑，跑！

嗝儿屁着凉

嗝儿屁[①]着凉大海棠，
脚巴丫[②]子蘸白糖。

【注释】①嗝儿屁（gěrpì）：死亡（缺乏严肃意）。②脚巴丫子：儿语，即脚。

跟人家学（三首）

一

跟人家学[①]，变狗毛。
跟我走，变黄狗。
占我的窝儿，烂脚丫儿[②]。

流黄水儿，扣嘎渣儿[3]。
你妈养活个小蛤蟆儿[4]。

二

跟人家学，变狗毛。
狗毛老，吃青草。
青草烂，拉白饭[5]。
白饭白，死了没人儿抬。
抬到大门里，掉了棺材底；
抬到大门外，掉了棺材盖。

（选自《北平歌谣》Ⅰ）

三

跟人家学，长白毛[6]。
白毛老，吃青草。
青草青，长大疔[7]。
大疔大，穿白褂。
白褂白，死了没人儿抬。

【注释】①学（xiáo）：北京地区“学（xué）”的白读音。这里指模仿别人。②脚丫儿：脚。③扣嘎渣儿：结痂。④蛤蟆：青蛙。⑤拉白饭：排泄未消化的食物。⑥毛：毛发，即头发。⑦疔：疔疮。

【简析】第三首歌谣意在警告别人不应该模仿他做某事。

咕咚咚

咕咚咚，太平车，
里头坐着个俏[1]哥哥。
城外去听野台戏[2]，
回头逛个十里河。
老爷庙，闹吵吵[3]，
人山人海[4]真热闹！
村里的姑娘来卖俏，
脸搽[5]官粉[6]赛过[7]一个大白瓢。

（选自《北平歌谣》Ⅰ）

【注释】①俏：俊俏。这里犹如今天所说的帅。②野台戏：乡间搭台所唱的戏。③闹吵吵：形容人声鼎沸。④人山人海：形容人极多。⑤搽（chā）：在脸上或手上等处涂抹化妆粉或护肤品等。⑥官粉：旧时的一种女性美白化妆品。⑦赛过：超过。

咕咚咕咚

咕咚咕咚三声炮，
隔壁儿姑娘坐花轿。
八人抬[1]，抬进府[2]门来。
哥哥抱我上花轿，
嫂嫂送我大街道。
吹吹打打好热闹。

【注释】①八人抬：八人抬一顶轿子接送，是对坐轿人最高规格的待遇。②府：住宅。

姑娘姑娘你端面

姑娘姑娘你端面，
追得狗儿团团转。
公一碗，婆一碗，
案板底下藏一碗。
耗子过来舔舔碗，
猫儿过来闻闻碗，
狗儿过来砸了碗。

古　铜　钱

古铜钱，挂门帘。
门帘高，买铡刀[①]。
铡刀快，切青菜。
青菜青，买张弓。
弓没弦，买个船。
船没底，买支笔。
笔没头，买个牛。
牛没爪[②]，买个马。
马没鞍，上西天[③]。

西天路，买个布。
布儿稀，买只鸡。
鸡不叫，狗不咬，
都叫馋老婆偷着吃了[④]。

【注释】①铡刀：铡草或秸秆儿的工具。②爪（zhuǎ）：爪子。③西天：佛教指极乐世界。④了：读 liǎo。

鼓靠鼓锣靠锣

鼓靠鼓，锣靠锣。
新娶的媳妇儿靠公婆。
月亮爷靠着娑罗儿树[①]，
牛郎织女[②]靠着天河[③]。

【注释】①娑罗儿树（suōluorshù）：原产于印度的一种常绿乔木，高可达 50 余米，树脂有香气。此处指传说中月宫里的一棵娑罗儿树。②牛郎织女：两个古代神话传说人物。③天河：银河。

顾不得一时睡着

顾不得一时睡着。
你扛枪，我扛镐，

上南洼，刨[1]元宝[2]。
一刨刨出个大蒲包[3]。
隔着蒲包往里瞧，
金元宝、银元宝，
金刚钻儿两大筲[4]，
珊瑚树两丈高。
要买人，怕逃跑；
要买房，怕火烧；
要买驴，怕倒槽[5]；
要开当铺，眼力潮[6]；
要开钱庄，没人儿保[7]。
东边儿摸[8]，西边儿摸，
摸了个青头儿愣的蝎子，
蜇得我鬼哭狼嚎。

【注释】①刨：挖。②元宝：旧时两头儿翘起，中间凹下去的较大的金锭或银锭。③蒲包：即一包点心。从前作为礼品的点心，用香蒲叶的编织物作外包装。此词北京话要儿化。④筲：木制水桶。⑤倒槽：牲口病倒。⑥眼力潮：眼拙，鉴别能力差。⑦保：担保。⑧摸（māo）：北京地区“摸（mō）”的白读字。

呱嗒呱嗒扁儿

呱嗒呱嗒扁儿[1]，上刘海儿。
刘海儿穿着一件花布衫儿，
谁做的？娘做的。

提起娘来怪臭的，
提起媳妇儿怪香的。

【注释】①呱嗒扁儿：也叫担仗、担仗钩子，一种蝗虫。个子较大，绿色，头尖，腿长，捏住它的腿会全身上下反复摆动如磕头状，生活于庄稼地或青草窠中。

挂钩儿的胳膊

挂钩儿的胳膊，过河的腿，
羊尾巴头发，吃人的嘴。

【简析】1948年，平津先后解放，中国人民解放军开进华北两个最大的城市，进城的干部军人看不惯大城市市民的生活。这是对市民穿着打扮看不惯的歌谣。第一句指男女经常勾肩搭背地在大庭广众之下行走，第二句指人们经常穿短裙短裤露一截儿腿，第三句指女子烫发，第四句指女子涂口红。这些在今天已经变得习以为常了，但对当时刚从解放区到大城市的“土八路”来说，看不惯是可以理解的。

关关雎鸠

关关①雎鸠②，在家喝粥，
多吃咸菜，夜里齁齁③，

他妈打他一个嘴巴，
哎呦[④]！哎呦！

【注释】①关关：鸟叫声。②雎鸠（jūjiū）：古书上说的一种小鸟。③齁齁：粗的喘息声。④哎呦（āiyōu）：痛苦的喊叫声。

【简析】此歌谣似为学生学了诗经《关雎》以后的调侃之作。1956年中学语文教学改革，把语文课分为文学课和汉语课，高中文学课本第一册中收入了《诗经·关雎》，学生学了以后也曾出现类似说法。

光棍儿光

光棍儿[①]光，光棍儿光，
光棍儿病了谁给做碗汤？

光棍儿苦，光棍儿苦，
光棍儿衣裳破了谁给补？

光棍儿得，光棍儿得，
光棍儿吃饱了一家子不饿。

【注释】①光棍儿：成年男性单身者。

光棍儿苦

光棍儿苦，光棍儿苦，
衣裳破了没人儿补。

【简析】此歌谣是说过单身生活的艰难。

鬼

鬼，鬼，拉后腿，
一个烧饼俩[①]油炸鬼[②]。
扳倒了缸，砸折了腿。

【注释】①俩（liǎ）：数量词。“两个”的合音。②油炸鬼：类似油饼的一种食品。

鬼子进了京城

鬼子[①]进了京城，
粮价月月升。

【注释】①鬼子：此处指日本侵略者。

【简析】此歌谣产生于1937年卢沟桥事变以后。日本占领当局为了掠夺生活物资和战略物资，大量印发纸币，造成物价飞涨，民不聊生。因此，当时京城产生了此歌谣。

蝈蝈儿叫唤

蝈蝈儿叫唤[①]，驴驹[②]听，
蚂蚱在一边儿[③]打蹠蹠[④]。

【注释】①叫唤：鸣叫。②驴驹：雌蝈蝈儿。③一边儿：一旁。④打蹠蹠（néngneng）：做单腿儿立、振翅儿等玩耍动作。

国民党反动派

国民党反动派，
鬼迷心窍打内战。
日本鬼子刚赶跑，
又征粮，又要夫，
又抓壮丁上前线。
毛主席，一挥手，
屁滚尿流朝南窜。

【简析】此歌谣产生于北方大片土地解放以后。

H

蛤蟆跳跶跶

蛤蟆蛤蟆跳跶跶，
东洋大海有它家；
闲来无事叫呱呱，
不叫爸爸叫妈妈。

河没头海没边

河没头，海没边，
牛没上牙，狗没肝。

【简析】旧时人的活动范围有限，不知道河的发源地在哪里，也不知道宽阔的大海边际在哪里，所以有上面一说。“狗没肝”所指的“肝”是沙肝，即脾。

和珅跌倒

和珅[1]跌倒，嘉庆[2]吃饱。

【注释】①和珅（1750—1799）：乾隆时期，乾隆对他倚任极专，致使他植党营私，招权纳贿。乾隆死后，他受到了嘉庆皇帝的惩处。②嘉庆：清仁宗年号（1796—1820）。

【简析】和珅家的财产被抄没，嘉庆朝的财政立刻就充裕了，说明了和珅贪贿聚敛的财富极多。

荷花灯

荷花灯，荷花灯，
今儿个[1]点了，明儿个[2]扔。

【注释】①今儿个：今天。②明儿个：明天。

【简析】旧时七月十五中元节有儿童点荷花灯的习俗，此为儿童点荷花灯时所唱的歌谣。

黑豆黑

黑豆黑，黄豆黄，
粉红色儿的是高粱。

【简析】这是农妇教女婴识别豆类的歌谣。

黑老婆儿

黑老婆儿，满地滚，
嗔[①]着她男人不买粉[②]。
买了粉，她不搽，
嗔着她男人不买麻。
买了麻，她不打[③]，
嗔着她男人不买马。
买了马，她不喂，
嗔着她男人不买柜。
买了柜，她不盛，
嗔着她男人不买绳。
买了绳，她上吊，
吓了她男人一大跳。

（选自《北平歌谣》Ⅰ）

【注释】①嗔：嗔怪。②粉：此处指女性涂抹脸部的化妆品。③打：做（绳子）。

黑　牙　穷

黑牙穷，白牙富，
黄牙板子[①]开当铺。

【注释】①黄牙板子：嘴中长黄板儿牙的人。
【简析】此歌谣类似于“一斗穷，二斗富”那首歌谣。

红蛋子儿

红蛋子儿①，绿蛋包②，
敢来就敢敲③。

【注释】①蛋子儿：睾丸。②蛋包：蛋包子，即阴囊。③敲：赢。此处谐音“僬”。

【简析】此儿歌是说我的技艺肯定在你之上，你有勇气跟我比试，我就有信心赢你。

红葫芦

红葫芦，轧腰儿①，
我是爷爷的爱娇儿。
我是哥哥的亲妹子，
我是嫂子的气包儿。
爷爷爷爷陪②什么？
大箱大柜陪姑娘。
奶奶奶奶陪什么？
针线笸箩儿③陪姑娘。
哥哥哥哥陪什么？
花布手巾陪姑娘。
嫂子嫂子陪什么？
破坛子，烂罐子，
打发那丫头嫁汉子。

【注释】①轧腰儿：细腰儿。②陪：陪送。③针线笸箩儿：一种小笸箩儿，妇女用来放做针线活的杂物。

红 日 光

红日光，照东墙，
嫂嫂不如我亲娘。
娘有东西给我吃，
娘给我穿新衣裳。
如今亲娘不在了，
想要吃穿梦一场。

猴 皮 筋 儿

猴皮筋儿，我会跳，
“三反”运动我知道：
反贪污，反浪费，
官僚主义也反对。

（选自《北京的歌谣》）

【简析】这是1951年在国家党政工作人员中开展“三反”运动时产生的儿歌。

厚底儿鞋（二首）

一

厚底儿鞋，帮儿窄，
我到娘家走一百。
哥哥说炕上坐，
嫂子说炕不热。
哥哥说搬板凳，
嫂子说搬不动。
哥哥说搬椅子，
嫂子说没腿子。
哥哥说给妹妹点儿钱，
嫂子说半年还。
哥哥说给妹妹点儿米，
嫂子说还不起。
我也不吃你们的饭，
我也不喝你们的水，
瞧瞧亲娘我就走。
出门儿遇见个大黄狗，
撕了我的裙儿，咬了我的手，
忍心①的哥哥出来打大狗。

二

厚底儿鞋，咯噔噔②，
时兴③裤腿儿鸭蛋青④。
梳水头，打水鬓，
寻个女婿不四称⑤：
罗锅儿腰⑥，烂眼梢⑦，

浓淡鼻涕一团糟。
气死妞儿王八羔[8]。

【注释】①忍心：此处意为“不忍心”。②咯噔噔：走路踏地的响声。③时兴：流行；合于时尚（多指样式、方式等方面）。④鸭蛋青：布料的颜色。⑤四称（sìchèn）：谐调匀称。⑥罗锅儿腰：驼背。⑦烂眼梢：烂眼边儿。⑧王八羔：骂人的话。

忽听门外人咬狗

忽听门外人咬狗，
拿起门来开开手，
拾起狗来打砖头，
又被砖头咬了手。
骑了轿子，抬了马；
吹了鼓，打喇叭。

（选自《北平歌谣》Ⅱ）

烀　狗　肉

烀[1]，烀，烀狗肉。
大盆香，二盆臭。
请王妈妈吃狗肉，
后来的啃骨头。

【注释】①烀（hū）：用少量的水半煮半蒸的方法焖熟。

搰拉搰拉毛

搰拉[1]搰拉毛，
吓不着！

【注释】①搰拉（húla）：抚摩。

【简析】小孩儿受惊吓以后，大人一边搰拉他的头发一边唱的歌谣。

蝴蝶儿蝴蝶儿落落

蝴蝶儿[1]蝴蝶儿落[2]落，
你妈上河套了！
河套一碗粥，
你妈一忒儿喽[3]。

（选自《中国民间歌曲集成·北京卷》）

【注释】①蝴蝶儿：京音 hùtiěr。②落（lào）：会飞的鸟虫停留在某处或某物上。③忒儿喽（tērlou）：吸食或吸食声。

【简析】这是孩童捉低飞的蝴蝶时所唱的歌谣。

花椒树（二首）

一

花椒树，红骨朵儿[1]，
胡家有个小闺女儿。
十几嘞？十五嘞。
吹吹打打要娶嘞！

二

花椒树，红骨朵儿，
十七八的姑娘作媳妇儿。
公也打，婆也骂，
小姑子过来说坏话。
“爹爹不用怒，
妈妈不用恼，
明天后天一定回娘家。”

【注释】①骨朵儿（gūduor）：花蕾。

黄 城 根 儿

黄城根儿，一溜[1]门儿，
门口儿站着个小妞人儿[2]。
白汗褟儿[3]，蓝布裤子儿，
耳朵上戴着排环坠儿，
头上梳的是大鬏髻[4]儿。

搽着胭脂儿，抹着粉儿。
谁是我的小女婿儿？

【注释】①一溜（yílìù）：一排。②小妞人儿：小女孩儿。③汗褟儿：夏天穿的贴身无袖衣服。④髽髻（zhuāji）：梳在头的两旁或脑后的竖发卷儿。

黄豆粒儿

黄豆粒儿，圆上圆，
养活个丫头不值钱。
三块豆腐二两酒，
送到婆婆大门口。
婆婆说脚也大来脸又丑；
公公说留着吧留着吧，
烧茶煮饭得[1]用她！

【注释】①得（děi）：需要；必须。

黄豆芽儿黄

黄豆芽儿黄，
青豆芽儿青，

谁跟姐姐过一冬?
姐姐盖着好花被,
妹妹盖着牛皮睡。
姐姐枕着好花枕,
妹妹枕着木头墩。
姐姐戴着好环子,
妹妹戴着破篮子。
姐姐骑着好花马,
妹妹骑着树卡杈。
姐姐拿着好鞭子,
妹妹拿着树尖子。
姐姐抱着好娃子,
妹妹抱着疥蛤蟆;
咕儿呱,咕儿呱,
扔在河里喂王八。

黄狗你看家

黄狗黄狗你看家,
我到南边采梅花。
一朵梅花没采了,
双双人儿到我家。
我家媳妇儿会擀面:
拿起擀杖一大片,
拿刀一切赛如线,

下在锅里团团转，
盛在碗里莲花瓣。
公一碗，婆一碗，
两个小姑子各半碗，
案板底下藏一碗。
猫儿过来舔舔碗，
狗儿过来砸了碗，
耗子过来锔上碗。
公公拿着哈拉鞭[①]，
婆婆拿着半头砖[②]，
砍得媳妇儿上西山。
西山有只狼，
吓得媳妇儿没处儿藏。
西山有只狗，
咬了媳妇儿的手。
西山有只兔，
吓得媳妇儿掉了裤。

【注释】①哈拉鞭（hǎlabiān）：黑皮鞭。②半头砖：破碎后只剩下长度的一半或一半以上的砖。

火车头

火车头，如旋风[①]，
坐上火车到北平[②]。
见过中国包文正[③]，

见过外国喇嘛僧，
没见过像你这样的混杂种！

（选自《北京的歌谣》）

【注释】①旋风（xuànfeng）：螺旋状运动的风。②北平：1928—1949 年间北京的名称。③包文正：即包拯。

【简析】这是抗日战争时期百姓痛骂降日汉奸的歌谣，流行于北京及京南京汉铁路沿线各县。

火车一拉鼻儿

火车一拉鼻儿[①]，
粥厂[②]就开门儿。
小孩儿给一点儿，
老头儿给粥皮儿，
搽胭脂抹粉儿的给一盆儿。

【注释】①拉鼻儿：鸣笛。②粥厂：旧时向生活无着的人或灾民施舍粥吃的场所。

【简析】这是一首对 1949 年前京城舍粥棚负责打粥者的讽刺歌谣，说他们因贪色造成对极度贫寒者或灾民的不公。

货 郎 担

货郎[1]担，卖裤腿儿，
咱家有个小婶儿。
小婶儿爱吃枣儿饽饽，
留它半个给哥哥。

（选自《北京的歌谣》）

【注释】①货郎：在农村或城市街巷推车、担担流动卖日常用品的人。

J

叽哒呱嗒板儿

叽哒呱嗒[①]板儿，渭水河[②]；
年轻的小伙儿，怕老婆。

【注释】①叽哒呱嗒：木板儿、竹板儿的撞击声，跑动时鞋底落地声。②渭水河：即渭河。黄河主要支流，发源于甘肃省，向东横贯陕西中部，至潼关入黄河。

【简析】此歌谣是说某个小伙子怕老婆。“叽哒呱嗒板儿，渭水河”起比兴的作用。

叽　的　叽

A：叽的叽！　　　　B：呱嗒呱！
A：你发[①]谁？　　　B：我发他！

【注释】①发：派发。

【简析】这是两队男童在室外做一对一跑步比赛时两个队

长对话性的歌谣。“叽的叽”“呱嗒呱”都是模拟敲击或撞击的响声。

机关子枪（三首）

一

机关子枪①，嘎崩脆②，
曹锟③要打段祺瑞④。
机关子枪，真有准儿，
张勋⑤要打吴小鬼儿⑥。
吴小鬼儿，真敢干⑦，
坐着飞机扔炸弹。
一个炸弹不要紧，
大兵伤了好几万。

二

机关子枪，迫击炮，
三八⑧、七九⑨、汉阳造⑩。
老套筒子⑪，吓一跳。

三

机关子枪，迫击炮，
三八、七九、汉阳造。
麻雷子⑫，吓一跳。

【注释】①机关子枪：即机枪。②嘎崩脆：响声清脆。

③曹锟（1862—1938）：直系军阀首领，直隶天津人。④段祺瑞（1865—1936）：皖系军阀首领，安徽合肥人。⑤张勋（1854—1923）：北洋军阀将领，江西奉新人。清政府被推翻后，其妄想恢复帝制，他本人及其所部仍蓄留长辫，以示效忠皇帝，人称他“辫帅”，其军队被称为“辫子军”。1917 年，张勋率五千辫子军进京，解散国会。7 月 1 日同康有为等拥戴溥仪登基，恢复清朝。失败后到天津居住，1923 年病终。⑥吴小鬼儿：即吴佩孚（1874—1939）。⑦敢干：A. 勇敢；B. 胆大妄为。⑧三八：日本 1938 年制造的一种步枪，称为三八枪，俗称三八大盖儿。⑨七九：汉阳兵工厂生产的仿德国七十九毫米口径步枪。⑩汉阳造：汉阳兵工厂生产的一种步枪。⑪ 老套筒子：一种步枪，据说从德国传来。⑫ 麻雷子：一种爆竹，放起来响声很大，只能吓唬敌人，实际没有什么杀伤力。

【简析】第一首歌谣产生于 1920 年军阀混战时，第二、三两首歌谣均产生于抗日战争时期（1937—1945）。

机 灵 鬼 儿

机灵鬼儿①，透亮杯儿，
小精豆子②不吃亏儿。

【注释】①机灵鬼儿：对非常精明的孩子的昵称。②小精豆子：对非常精明的孩子的昵称（多用于女孩儿）。

鸡不叫狗不咬

鸡不叫，狗不咬[①]，
十八岁的大姑娘满街跑。

【注释】①咬：（狗）叫。

【简析】“鸡不叫，狗不咬”，形容天很早的时候。旧时汉族女人大门不出、二门不迈，但满族女人没有这个禁忌。满族女人不缠足，是大脚片儿，即使是未出阁的大姑娘也可以迈着两只大脚片儿，在小店儿、茶棚、庙会、游乐场所等到处去。此歌谣就是反映满族年轻女子跟汉族年轻女子的不同之处。

鸡冠子花儿

鸡冠子花儿，满院开，
大娘喝酒二娘筛。
三娘捧过菜碟儿来，
四娘说她臭奴才。
三娘说：
“奴才不是你典的，
不是你买的，
是花红轿儿娶来的。
瞧瞧我的头，
珍珠玛瑙往下流。
瞧瞧我的牙，
从小儿爱喝奶子茶。
瞧瞧我的嘴，

从小儿爱吃油炸鬼。
瞧瞧我的手，
镯子戒指戴一手。
开开我的箱，
大红缎子绣鞋一百双。
开开我的柜，
大红缎子裤腿儿一百对。”

鸡毛你看家

鸡毛，鸡毛，你看家，
我到南边采梅花。
一朵梅花没采了，
挣了钱，给你花，
你花七个我花仨。

（选自《北京的歌谣》）

祭　灶

祭灶，祭灶，新年来到。
老头子过来要毡帽，
老婆子过来要裹脚①，
小淘气儿②过来要花炮。

（选自《北平歌谣》Ⅰ）

【注释】①裹脚（guǒjiao）：旧时女人缠脚用的长条白布。②小淘气儿：意为爱哭闹的孩子，常用作对男孩儿的昵称。

家过儿老

家过儿老[①]，地头儿埋[②]，
过来过去姑奶奶[③]。

【注释】①家过儿老：一直在娘家生活，终身不嫁的女子。②“地头儿”句：旧俗，男女未婚配，或男子虽然已婚，但妻子又离异者，死后均不能入祖坟埋葬。③“过来”句：因为埋在地头儿靠近路边儿，所以人们在路上过，就会随时想到那里埋的是姑奶奶。姑奶奶（gūnǎinai），娘家人对女子的尊称。

嫁　人

嫁人，嫁人，
穿金戴银；
嫁汉，嫁汉，
穿衣吃饭。

（选自《北平歌谣》Ⅱ）

【简析】旧时妇女社会地位低下，要依附男人让男人养活，处于经济不能独立的状态。所以有此歌谣。

豇豆大海茄

豇豆大海茄，
长毛[1]过不了八月节[2]。

【注释】①长毛：此处大概是指19世纪中叶的太平天国起义军。②八月节：即中秋节。

浇　花　儿

浇花儿，浇花儿，
浇花儿难；
你不浇花儿花儿就干。
一盆水，一壶茶，
浇好水，开好花；
开好花，开大的。

（选自《北京的歌谣》）

隔着墙儿扔切糕

隔[1]着墙儿扔切糕[2]，
枣儿豆儿都掉了[3]。
隔着墙儿扔砖头，

砸了妞儿[4]的两把儿头。
隔着墙儿扔票子[5]，
怎么知道姑娘没落子[6]？

（选自《北平歌谣》Ⅱ）

【注释】①隔：北京方音读 jiē。②切糕：用糯米所做的大块儿糕，内中多放小枣儿，因卖时切着卖，故叫切糕。③了：此处读 liǎo。④妞儿：小姑娘。⑤票子：纸币。泛指钱。⑥没落子（méilàozi）：家境贫穷，没有什么财产。

街上铜锣响当当

街上铜锣响当当，
卖的东西样样香。
兄弟姐妹都来听我讲：
别在大街买着尝，
冷一口，热一口，
吃到肚里真难受。
真难受，把病生，
惹得爹妈又心疼。

（选自《北京的歌谣》）

【简析】这是劝孩子们尽量别在街上买零食吃的歌谣。从歌谣内容看，应该是 1949 年以后的。

姐姐姐姐

A：姐姐姐姐，你干什么呢？ B：掐花儿呢！
A：花儿呢？ B：卖钱了！
A：钱呢？ B：买肉了！
A：肉呢？ B：老猫叼去了。
A：老猫呢？ B：上树了。
A：树呢？ B：大水冲去了。
A：水呢？ B：老牛喝了。
A：老牛呢？ B：耕地呢！
A：地呢？ B：老头儿耖[①]呢！
A：老头儿呢？ B：绕球[②]呢！
A：老婆儿呢？ B：拐线[③]呢！

【注释】①耖（chào）：用耙类农具把耕过的土块儿弄碎。②绕球：此处指绕线球。③拐线：把线缠绕在线拐上。

姐妹二人到城东

姐妹二人到城东，
一到城东去逛青[①]，
捎带[②]放风筝。
大姐放的花蝴蝶儿，
二姐放的活蜈蚣，
空中飘，空中舞，
活像[③]一条龙。

【注释】①逛青：春天到野外游玩儿。②捎带：顺便。③活像：极像；十分像。

解南来了个二等辖

解南来了个二等辖，
把着车门儿问阿煞：
“阿煞，阿煞，你上哪儿去？”
“我到南边儿瞧亲家！”
“瞧完亲家到我家。
我家没有别的吃，
鞑子饽饽[1]就奶茶。
安南[2]槟榔夹四瓣儿，
硌你这个怪物儿的老龅牙[3]！”

【注释】①饽饽（bōbo）：蒸、烙、烤的各种面制食品的统称。②安南：越南的旧称。③龅牙：门牙长得露出嘴唇外，这样的牙叫龅牙。

疥先打手上行

疥[1]先打[2]手上行，
腰里转仨圈儿，
卡巴裆[3]里扎老营。

【注释】①疥：即疥疮，一种传染性皮肤病。症状是皮肤局部起丘疹，刺痒。②打：从，自。③卡巴裆：即腿裆。

金箍噜棒

金箍噜棒[①]，银箍噜棒，
爷爷打鼓奶奶唱。
一唱唱到大天亮。
养活了孩子没地界儿[②]放，
一放放到锅台上，
吱儿[③]吱儿地喝米汤。
“小子，小子，少喝点儿！
留点儿给你爸爸浆[④]衣裳！”

【注释】①金箍噜棒：即金箍棒。长篇神话小说《西游记》中孙悟空手中的武器，传说为东海龙王的定海神针所化。②地界儿：地方。③吱儿（zīr）：拟声词。吸食液体声。④浆（jiāng）：用粉浆或米汤浸泡布或衣服，使其干后硬挺。

金花花银花花

金花花，银花花，
躲在树下吹喇叭。
嘀嘀嗒，嘀嘀嗒，

吹着吹着做个梦，
变成两个胖娃娃。
金花变成大南瓜，
银花变成大冬瓜。

京油子

京油子①，卫②嘴子，
保定府③的狗腿子。

【注释】①油子：油滑的人。②卫：指天津卫，即天津市。③府：唐代至清代的行政区划，在省以下、州县以上。

【简析】旧时人们认为京城人油滑，天津人嘴皮子好能说会道，保定人当官差、吃官饭的比较多。

荆条棍儿

荆条棍儿，用处儿多，
编了柳斗儿编笸箩。
笸箩倒比柳斗儿大，
管叫①柳斗儿叫哥哥。

（选自《北京的歌谣》）

【注释】①管叫：保管；一定让。

精 涿 州

精[1]涿州[2]，怯[3]良乡[4]，
不开眼[5]的房儿县[6]。

【注释】①精：心眼儿多；机敏。②涿州：北京西南河北省的一个县级市。③怯：A. 语音、语调、用词等不合标准；B. 服装样式、色调不合时宜；C. 外行，不懂。④良乡：旧时北京郊区的一个县，今属北京市房山区。⑤不开眼：眼力差，对东西缺乏鉴别好坏的能力。⑥房儿县：即旧时的房山县，今为北京市房山区。

【简析】此歌谣有各种解释。有人说，良乡人为明代陕西移民，所以跟本地人比较起来各方面都显得“怯”。有人说，“怯良乡”实为“客良乡”，意为他们是外乡来客。有人说，“不开眼”实为“不开宴”，因为房山县地处偏僻山区，皇帝南巡从来不经过房山县，房山县县官没有为皇帝举行过宴会，所以说“不开眼的房儿县”。

九 月 九

九月九[1]，晴朗天，
娘娘同我去万寿山[2]。
提黄酒，夹红毡，
走到山顶儿坐野盘。
观皇会[3]，什锦幡，
南锣小鼓儿打得全。

娘娘渴了喝好酒，
饿了吃蟹作大餐。

【注释】①九月九：即重阳节，我国传统的登高节。②万寿山：颐和园的又一个称呼。③皇会：皇家组织的花会活动。

【简析】此歌谣反映九月九重阳节去万寿山登高、坐野盘、观皇会的情况，看着各种表演，喝着好酒，吃着大餐，好不惬意。

君 不 君

君不君，程咬金[①]。
臣不臣，大火轮。
父不父，冥衣[②]铺。
子不子，大茄子。

【注释】①程咬金：山东济州东阿人，唐初大将。②冥衣：为死人烧的纸衣。

【简析】程咬金曾经自立为草鸡皇帝，所以并非真君。大火轮由钢板制造，有成千上万吨重，在海上航行时一般不会下沉。冥衣铺做出的车马及金锞、银锞等，说是价值无限，但都是纸活，不是真值那么多钱，所以不是真“富”。大茄子外皮是紫色的，但里面的瓤儿并不是紫色的。在第二、三、四句中，“臣”与“沉”、“父”与“富”、“子”与“紫”谐音。

K

开 了 花

开了花，落了花，
爹爹不该娶后妈。
娶了后妈三年整，
生了个兄弟①真可夸。
爹爹疼②，妈妈爱，
拿③我当作家奴待④。
兄弟吃的紫老米，
我吃的剩锅底。
饱不饱来没人管，
没有亲妈没的怨⑤。

【注释】①兄弟：弟弟。②疼：疼爱。③拿：介词，把。④待：对待，看待。⑤怨：责怪。

开门儿风

开门儿风，刮到掌灯；
闭门儿雨，下到早起。

【简析】早晨起床时开始刮的风，要一直刮到天黑的时候；晚上睡觉时开始下的雨，要一直下到次日天明。

磕打磕打

磕打[①]磕打一，
黄雀儿落在树林里。
磕打磕打二，
黄雀儿叼着瞎线穗儿[②]。
磕打磕打三，
喜鹊叼着白汗衫。
磕打磕打四，
四大庙里写大字。
磕打磕打五，
五大庙里演大鼓。
磕打磕打六，
六大庙里六盘馒头六盘肉。
磕打磕打七，
七娘坐上席。
磕打磕打八，
八人八马争天下。
磕打磕打九，

九人九马满天扭[3]。
磕打磕打十，
十个秃子去赶集。
一去刮大风，
回来下雹子，
单打秃子后脑勺子[4]。

【注释】①磕打：使东西向硬的东西上碰，使附着物掉下来。②线穗儿：为了使用方便，把线缠绕在短棍儿上，这样缠绕在短棍儿上的线叫线穗儿。③满天扭：到处转。④后脑勺子：头的后部。

坑人的钱

坑人的钱[1]，下水船；
老公[2]的钱，一溜烟；
庄稼佬儿[3]的钱，万万年。

【注释】①坑人的钱：坑蒙拐骗所得来的钱。②老公：太监的俗称。③庄稼佬儿：对农民的蔑称。

【简析】说明钱来得容易，就不知道爱惜，就花得快；钱来得不容易，就舍不得花，就花得慢。农民的钱是一个汗珠儿掉在地上摔八瓣儿攒下的，当然就更攥在手里舍不得花了，所以说农民要是有钱最禁花。

孔子拜天坛

孔子拜天坛，五百当一元。

【简析】此歌谣产生于20世纪40年代。卢沟桥事变日本人占领北平以后，由于滥发纸币（大约在1940年或1941年，伪中国联合准备银行发行了伍佰元面额的联银券，上面有孔子面对天坛祈年殿站立的图像），通货不断膨胀。当时的物价跟卢沟桥事变前相比，已经涨了五百倍，因此产生了此歌谣。

苦 不 苦

苦不苦，想想长征两万五；
累不累，学习革命老前辈。

【简析】1934—1935年，红军历尽千辛万苦走完了二万五千里长征。此歌谣的意思是，我们只要想到红军在长征中所受的苦，就不会再觉得苦；只要想到革命老前辈所受的累，就不会再觉得累。

快 来 瞧

快来瞧，快来瞧！
飞机飞来了，

在天空像小鸟。

快来瞧，快来瞧！
飞机飞来了，
空军叔叔招手笑。

【简析】新中国成立初期，我们的空军飞机很少，孩子们看到有空军的飞机在天空飞行觉得新鲜，感到欣喜。

L

拉大锯扯大锯（四首）

一

拉大锯，扯大锯。
锯木头，盖房子。
盖上房子娶娘子。
搭大棚，挂大彩[①]，
羊肉包子往上摆。
猪肉片儿，好大块儿；
羊肉打卤[②]过水面儿[③]，
不吃不吃两碗半儿。

（选自《北京的歌谣》）

二

拉大锯，扯大锯。
锯木头，盖房子。
姥姥家，娶娘子。
搭大棚，唱大戏[④]。

接姑娘，请女婿。
小外甥⑤，你也去！

（选自《北平歌谣》Ⅱ）

三

拉大锯，扯大锯，
姥姥家，唱大戏。
接闺女，接女婿，
小外孙子儿也要去。
今儿搭棚，明儿挂彩，
羊肉包子往上摆。
不吃不吃吃二百。

四

拉大锯，扯大锯，
姥姥家，唱大戏。
接我来，我不去，
叽里咕噜⑥滚着去。

【注释】①人彩：喜幛。②打卤：做卤汁。③过水面儿：面条儿煮熟后，捞到井拔凉水中过一遍或几遍，再挑到碗里拌麻酱、菜码儿吃。这种吃法叫吃过水面。④大戏：有完整的故事，情节比较复杂，角色比较多的戏。⑤外甥：这里指外孙子（北京地区外孙子也可以叫外甥子）。⑥叽里咕噜：圆物滚动的样子。

【简析】“拉大锯”是北京地区母亲或祖母哄孩子时唱的歌谣。二人面对面坐在炕上，双手分别握住对方的双手，前仰后合地边拉边唱。以上四首，内容有些重复，姑且都选入存之。

拉大锯扯大梁

拉大锯，扯大梁，
姥姥家，盖新房。

拉 洋 车 的

拉洋车[①]的，好买卖，
大爷拉着大奶奶。
大爷一拐弯儿，
碰了大奶奶小鼻尖儿。
大爷放个屁，
崩得大奶奶二里地。
二里地里下雹子，
单打大奶奶后脑勺子。

【注释】①洋车：旧时一种单人拉的车，主要用来载客。这种车有两个胶皮车轮，车身前有两个长柄供人两手握拉，车身后有乘客坐的座位。有的地方叫黄包车。

【简析】此歌谣产生于20世纪40年代，反映了当时贫富阶层的对立情绪。

喇 叭 花 儿

喇叭喇叭花儿，串枝莲儿，
红指甲草儿开白花儿。

【简析】**这是女童游戏的歌谣。**

腊七腊八儿（二首）

一

腊①七腊八儿，冻死寒鸦儿②。
腊八儿腊九儿，冻死小狗儿。
腊九儿腊十儿，冻死小人儿。

二

腊七腊八儿，冻死寒鸦儿。
寒鸦儿泭水③，冻死二鬼。
二鬼偷油，冻死老牛。
老牛念道，冻死老道。
老道④念经，冻死老鹰。
老鹰拿兔子，冻死老兔子。

（选自《北京的歌谣》）

【注释】①腊：农历十二月叫腊月。② 寒鸦儿：一种鸟儿，即白脖儿老鸹。③泭水（fùshuǐ）：游泳。④老道：道士。

腊　月　八

腊月八，日子好，
谁知隔壁儿姑娘变大嫂？
眼里哭，心里笑，
身子坐着大花轿。

（选自《北平歌谣》Ⅰ）

【简析】旧时习俗，姑娘结婚，甭管心里高兴不高兴，上轿前都要哭哭啼啼，表示舍不得离开父母，舍不得离家。

来到门头沟

来到门头沟[①]，两眼泪双流：
肚子吃不饱，睡的大石头；
白天拼命干，黑夜也发愁。

（选自《北京的歌谣》）

【注释】①门头沟：指京西门头沟矿区。

【简析】这首歌谣是1949年前门头沟煤矿工人悲惨生活的写照。

懒 汉 懒

懒汉懒，织毛毯。
毛毯织不齐，就去学织席[①]。
织席织不紧，就去学磨粉[②]。
磨粉磨不细，就去学唱戏。
唱戏不合辙[③]，就去学开车。
开车跑得慢，只好吃白饭[④]。
白饭吃不成，懒汉苦一生。

【注释】①席：苇席。②粉：淀粉。③合辙：符合押韵的韵脚。④吃白饭：只吃饭而不做事。

【简析】此歌谣意在告诉孩子要想生活好，就得学会一种技能，好好儿劳动。

烂脚巴丫儿

烂脚巴丫儿[①]，穿坎肩儿，
烟袋、烟荷包[②]带两边儿。

【注释】①脚巴丫儿（jiǎobayār）：脚（京城儿童多用）。②烟荷包（yānhébao）：吸旱烟者用来装烟的小布袋子。

劳动好

劳动好，劳动强，
劳动以后吃饭香。
妈妈早起去做饭，
奶奶为我洗衣裳。
弟弟门前来扫地，
我和姐姐收拾床。
哥哥挑水拍手笑，
勤劳家庭多荣光！

（选自《北京的歌谣》）

【简析】这是新中国成立初期提倡劳动，颂扬劳动光荣的歌谣。

老表亲

老表亲，辈辈儿亲，
打断骨头连着筋；
姨娘亲，不算亲，
姨死断了根。

【简析】父亲一系的亲戚能够来往很多辈儿，母亲一系的亲戚姨死后就断了往来。这首歌谣反映了封建时代男尊女卑的思想和伦理。

老 瓜 瓢

老瓜瓢，老瓜瓢，
浑身上下长白毛，
趁着风儿吹上去，
掉在地上摔不着。

（选自《北京的歌谣》）

老鸹落在一棵树

老鸹落在一棵树，
张开口就招呼：
“老王，老王！
山后有只大绵羊。
你把他宰了，
你吃肉，我喝汤。”

老 猫

老猫老猫，上树摘桃。
一摘两筐，送给老张。
老张不要，气得上吊。
上吊不死，气得烧纸。

烧纸不着，气得摔瓢。
摔瓢不破，气得推磨。
推磨不转，气得做饭。
做饭不熟，气得宰牛。
宰牛没血，气得打铁。
打铁没风，气得撞钟。
撞钟不响，气得老猫乱嚷。

（选自《北平歌谣》Ⅰ）

【简析】打铁时，需要用风箱给火炉鼓风。没有风箱鼓风，火不旺，炉温不会高，铁就不能变形、熔化，就打不了铁。

老僧端汤上塔

老僧端汤上塔，
汤洒，碗砸，汤烫塔。
阿弥陀佛，
好滑的一块瓦！

老师多如狗

老师多如狗，
学者遍地走。

【简析】此歌谣产生于20世纪末、21世纪初。意在讽刺当前我国虚夸浮躁的社会情况：以前只有教书先生被称为老师，如今各行各业都有老师，老师不谓不多；以前只有有较高学术造诣的人才被称为学者，如今在知识分子队伍中许多人都自称为学者，而不管自己有没有真才实学。

老 太 太

老太太，老太太，
玩儿火筷子[①]。
老头儿，老头儿，
玩火球儿。
烫了手，抹蝎子油儿。

【注释】①火筷子：生煤火炉子时用来夹煤块儿或煤球儿的一对铁棍儿，上端有眼儿，用铁链连在一起。

【简析】所谓蝎子油，是泡过一段时日蝎子的香油。浸入蝎子毒的香油，可以治疗烫伤。

老天爷（三首）

一

老天爷，别下雨，
蒸了包子往上举！

二

老天爷，下大雨，
蒸了包子往上举！

三

老天爷，不睁眼，
鹅毛大雪往下赶。
家里无粮又无钱，
又饥又寒谁人管？
老天爷啊，
你为什么不睁眼？

【简析】第一、二首歌谣都是下雨时喊的，第一首流行于城内，第二首流行于农村。从同一首儿歌城内和农村的两种不同喊法，可以看出城乡百姓对下雨的不同态度。旧时城里人一般不喜欢下雨，下雨使人出行不便，还常常出现房屋漏雨的情况。而农村人一般情况下喜欢下雨，因为雨首先可以使庄稼得到浇灌，并获得良好生长。这就是同一首歌谣里城里孩子喊“别下雨”，而农村孩子喊“下大雨”的缘由。第三首歌谣反映了旧时严寒的冬季里穷苦人饥寒交迫，叫天天不应，叫地地不语的窘况。

老头儿（二首）

一

老头儿，老头儿，
玩儿火球儿，

烫了屁股，抹香油儿。

老头儿，老头儿，
玩儿火炭儿，
烫了屁股，抹鸡蛋儿。

二

老头儿，老头儿，
上山赶牛儿。
牛儿放个屁，
崩得老头儿二里地。

【简析】民间认为，香油、鸡蛋清儿都可以缓解烫伤的疼痛。

老仙师出洞

老仙师出洞啊，
下打拳啊，
睁开眼目啊，
各占一方啊，
不要乱世啊！
欸！欸！欸！

【简析】此为义和团拳练时所念的拳歌。根据京郊一位农民口述记录，文字可能有讹误，姑且存录于此。

老 秀 才

老秀才[1]，打火镰[2]，
黑油灯[3]，麻布纂。

【注释】①秀才：明清两代称通过最低一级考试的读书人为生员，通称秀才。②火镰：旧时的取火用具。钢制，用它敲击火石可以迸出火星，引燃火绒。③黑油灯：这里指豆油灯。

【简析】清末，西风渐进，人们追逐时尚、现代的生活。废除科举以后，兴办了新式学堂，秀才不吃香了。火镰被火柴所取代，豆油灯被煤油灯所取代，梳纂被留短发所取代。所以京城出现了此“四不时兴”歌谣。

老子英雄儿好汉

老子英雄儿好汉，
老子反动儿混蛋。

【简析】此歌谣产生于“文化大革命”开始的1966年，由北京的一帮高干子女提出，表现了这些人当时的狂傲。后随着“文革”的展开，大部分高干受到冲击以致被打倒，高干子女多数成了“可教育好的子女”，这一口号也就销声匿迹了。

哩儿拉忽大茶壶

哩儿拉忽[①]大茶壶，
阴天瞧不见正晌午[②]，
光着眼子穿套裤[③]，
登着夜壶[④]上窗户，
掉在地下摔屁股。

【注释】①哩儿拉忽（līrlǎhū）：形容极其马虎粗心。②晌午：中午。③套裤：穿在单裤外面的、只有两条裤腿没有裤裆的裤子。一般是需要经常远行的穷苦劳动者所穿，作用是使腿部暖和又便于行动。④夜壶：男子为了夜间小解不下床而使用的便壶。

梨 树 梨

梨树梨，槐树槐，
槐树底下搭戏台。
人家女儿都来了，
咱们女儿还不来。
说着说着就来了，
骑着驴，打着伞，
光着屁股，挽着纂。

立 了 秋

立了秋，把扇儿丢[①]。
再拿扇子，不害羞。

【注释】①丢：扔下。

立 了 夏

立了夏，把扇儿架[①]；
立了秋，把扇儿丢。

【注释】①架：拿到手中。

【简析】立夏以后，天气渐热，人们都拿起扇子；立秋以后，天气渐凉，人们都把扇子扔下。

立 立 站

立立站，上河沿[①]，
桑木弓，柳木船，
一个猪头劈两半。
撇儿咧儿[②]，
山东带来一个花蝴蝶儿。
你也扑，我也扑[③]，
一扑扑个大蟾蜍[④]。

【注释】①河沿（héyàn）：河边儿。北京口语应儿化。②撇儿咧儿：一撇嘴一咧嘴地。形容高傲、自负、得意的神情。③扑：捕捉。④蟾蜍：通称癞蛤蟆或疥蛤蟆的一种动物。

镰刀把儿

镰刀把儿，三道弯儿，
他妈嫁了个水酱瓜儿。
水酱瓜儿，怪好的，
他妈嫁了个修脚的。
修脚的，怪臭的，
他妈嫁了个卖肉的。
卖肉的，喷儿香的，
他妈嫁了个卖姜的。
卖姜的，猴[1]辣的，
他妈嫁了个蘸蜡的。
蘸蜡的，流油儿，
他妈嫁了个孙猴儿。
孙猴儿[2]放火，他妈嫁我。
嫁我我不要，他妈上吊。
上吊不死，他妈烧纸。
烧纸不着，他妈摔瓢。
摔瓢不破，他妈推磨。
推磨不转，他妈吃饭。
吃饭不饱，他妈裹脚
裹脚流脓，流到西城。

西城蒸包子，
蒸了一屉王八羔子。

【注释】①猴（hōu）：北京方言，副词。很，非常（跟后面的形容词结合以后，有令人厌恶的色彩）。②孙猴儿：即神话小说《西游记》中的人物孙悟空，一个神通广大、勇于战胜恶势力的典型人物。

脸 皮 厚

脸皮厚，吃个够；
脸皮儿薄，吃不着。

【简析】意思是，在别处、别家吃东西，不要脸皮儿薄、太拘谨，不好意思吃，那样会吃不饱、吃不好。

两 支 蜡

两支蜡，一股香，
二十三日祭灶王。
一碟儿草料，一碗水，
泼在地下上天堂。
当家的[①]过来把头叩，
三声爆竹响叮当。

灶王爷，
回来吧，回来吧！
给你留着关东糖[2]！

（选自《北平歌谣》Ⅰ）

【注释】①当家的：这里指男人。②关东糖：一种麦芽糖，旧时祭灶的主要祭品。据说用关东糖把灶王爷的嘴粘住，它回到天上汇报时就说不了人间的坏话。

【简析】旧时民间腊月二十三日有祭灶的习俗，送灶王爷上天向玉皇大帝汇报。在传统里，有“男不拜月，女不祭灶”的习俗，所以说“当家的过来把头叩”。

玲 珑 塔

玲珑[1]塔，塔玲珑，
玲珑宝塔十三层。
塔前有座庙，庙内有老僧。
老僧当方丈[2]，徒弟有六名。
一个叫青头儿愣，
一个叫愣头儿青[3]；
一个是僧僧点，
一个是点僧僧；
一个是笨葫芦把儿，
一个是把儿葫芦笨。
青头儿愣会打磬，

愣头儿青会捧笙；
僧僧点会吹管[④]，
点点僧会撞钟；
笨葫芦把儿会说法[⑤]，
把儿葫芦笨会念经。

（选自《北平歌谣》Ⅱ）

【注释】①玲珑：精巧。②方丈：寺院的住持。③愣头儿青：指行为鲁莽，天不怕、地不怕的人（多用于男青少年）。④管：指管乐器。⑤说法：讲戒律。

刘 伯 温

刘伯温[①]，造北京，
造了一个哪吒[②]城。
里九外七皇城四[③]，
前门楼子[④]在正中。

【注释】①刘伯温（1311—1375）：即刘基，字伯温，明初大臣。据说他曾主持北京城的设计建设，因此民间说他修造了北京城。②哪吒（Nézha）：佛教护法神的名字；神话中一个英雄的名字。③里九外七皇城四：北京原来内城有九座城门，外城有七座城门，皇城有四座城门。④前门楼子：正阳门城楼的俗称。

【简析】据说刘伯温和姚孝广设计北京时候，从下凡的哪吒那里得到灵感，仿照哪吒的身体规划出北京城未来的形制：正阳门是哪吒的脑袋，瓮城东西开门是哪吒的耳朵，正阳门的两口井是哪吒的眼睛，等等。北京城的各个部分与八臂哪吒身体的各个部位一一对应，使北京城占据八卦的位置，得以调和阴阳，像金丹一样不朽。

刘大奶奶不常来

刘大奶奶不常来，
来到我家斗会儿牌①。
小秃小子儿怎么那么怪？
气得奶奶少抓一张牌。

【注释】①斗牌：玩纸牌。

留分头（二首）

一

留分头，多使油；
搞对象，不发愁。

二

留分头，搞对象；
不留分头，搞不上。

【简析】以上两首歌谣产生于20世纪50年代初，当时男青年以留分头为时尚。

柳　条　儿

柳条儿青，柳条儿弯，
柳条儿垂在小河边。
撅根柳条儿做柳哨儿，
吹支小曲儿唱春天。

【简析】春天时，一拧柳枝的皮就可以使皮跟里边的木质分离。因此，孩子们经常把柳枝拧离骨儿，抽出里边的硬棍儿，用外边的皮筒儿做哨子吹着玩。这首儿歌是小姑娘们一对一做拍手游戏时所唱的歌谣。

六十六岁刘老头

六十六岁刘老头，
赶着六十六头大黄牛，
驮着六十六篓花生油，
走了六十六里路，
来到大桥头。
桥边蹿出六条大黄狗，
吓跑了六十六头大黄牛，
洒了六十六篓花生油，
急坏了六十六岁的刘老头。

六月初一龙掉泪

六月初一龙掉泪①，
陈②粮食倒③比新粮食贵。

【注释】①龙掉泪：下雨。②陈：旧。③倒：反而。

六　月　六

六月六，看谷秀，
掰开包子都是肉。

【简析】六月六是谷子秀穗儿的时节。

龙生龙凤生凤

龙生龙，凤生凤，
耗子的儿子会打洞。

【简析】比喻什么样的父亲就有什么样的儿子，意同成语“将门出虎子”。

楼 上 楼 下

楼上楼下，
电灯电话；
点灯不用油，
耕地不用牛。

【简析】这是 20 世纪 50 年代社会主义建设即将开始时流传的歌谣。反映了人们对未来社会主义社会的憧憬，认为苏联当时已经达到了如此美好的境界，苏联的今天就是我们的明天。

楼上三人喝酒

楼上三人喝酒，
楼下三马吃草，
二人打架，
王妈妈说："罢了，罢了！"
小妞妞儿说："该打，该打 ！"

【简析】这是儿童手动游戏歌谣，边做手的动作边唱。

辘轳把

辘轳把[1]，三道弯儿，
他妈嫁个知县官儿。
知县官儿，吃好的，
他妈嫁个修脚的。
修脚的，怪臭的，
他妈嫁个卖肉的。
卖肉的，怪香的，
他妈嫁个卖姜的。
卖姜的，怪辣的，
他妈嫁个算卦的。
算卦的，没有眼儿[2]，
他妈嫁个笔管儿。
笔管儿没头儿，
他妈嫁个孙猴儿。
孙猴儿会放火，他妈嫁我。
嫁我我不要，他妈上吊。
上吊不死，他妈烧纸。
烧纸不着，他妈摔瓢。
摔瓢不碎，他妈嫁老祟。

【注释】①辘轳把（lùlubǎ）：摇辘轳时的把手。②眼儿：眼睛（旧时卦师一般为盲人）。

驴打滚儿

驴打滚儿，马撒欢儿[1]，
骡子放屁一溜烟儿。

【注释】①撒欢儿：幼小动物兴奋时疯跑疯跳。

罗锅儿桥（二首）

一

罗锅儿桥[1]，磴磴儿[2]高。
金丝荷叶水上漂。
金鱼咬着银鱼跑，
大肚子蛤蟆呱呱叫。

二

罗锅儿桥，罗锅儿桥，
一磴儿倒比一磴儿高。
灯笼儿苲草[3]水皮儿漂，
银鱼儿咬着金鱼儿尾，
大肚子蛤蟆石上坐着，
咕儿呱[4]，咕儿呱，咕儿呱叫。

（选自《北京的歌谣》）

【注释】①罗锅儿桥：桥面中间比较高的桥。②磴儿：砖石建筑的阶梯。③苲草（zhácao）：指金鱼藻等水中植物。

④咕儿呱（gūrguā）：拟声词。蛤蟆叫声。

骆驼骆驼瑟瑟

骆驼骆驼瑟瑟[①]，
王八是你哥哥。
骆驼骆驼拜拜[②]，
王八是你太太[③]。
骆驼骆驼抽鼻儿，
王八是你小姨儿。

（选自《北平歌谣》Ⅱ）

【注释】①瑟瑟（sēse）：指细微的叫声。②拜拜：略一施礼表示敬意。③太太：汉人指曾祖母，满人指祖母。

【简析】这是小姑娘见到骆驼在某处休息时所唱的歌谣。

M

蚂螂蚂螂过河

蚂螂①蚂螂过河！
大车，小车！

【注释】①蚂螂（mālang）：蜻蜓。

【简析】这是雨前蜻蜓在低空飞，儿童用网粘蜻蜓时所唱的歌谣。下一首意思与本首相同。“大车，小车”，意为蜻蜓很多。

蚂螂蚂螂过河嘞

蚂螂蚂螂过河嘞！
东边儿打鼓，
西边儿敲锣嘞！

麻　丫　头

麻丫头，上高楼。
撅箭杆儿[1]，插灯楼[2]。
灯楼高，买把刀。
刀儿快，切青菜。
青菜青，买张弓。
弓没头，买个牛。
牛没爪，买个马。
马没鞍，上西天。
西天路，买个布。
布儿稀，买只鸡。
鸡儿叫，狗儿咬[3]，
王八羔儿又来了。

【注释】①箭杆儿：高粱穗子下边的一段杆状茎，多用于做盖垫。②灯楼：灯笼。

【简析】在北京方言口语中，量词“个”的应用范围很广泛，如牛、马的量词都用“个”，甚至“一匹布”也说成“一个布”。“个”被认为是“万能量词”。

麻鸦雀就地滚

麻鸦雀[1]，就地滚，
打得丈夫去买粉。
买来粉，她不搽，

打得丈夫去买麻[②]。
买来麻，她不搓[③]，
打得丈夫去买锅。
买来锅，她嫌小，
打得丈夫去买枣。
买来枣，她嫌红，
打得丈夫去买绳。
买来绳，她上吊，
急得丈夫双脚跳。

【注释】①麻鸦雀（máyaqiǎo）：俗称灰喜鹊。②麻：此处指线麻。③搓：指搓成麻绳。

麻鸦雀尾巴长（二首）

一

麻鸦雀，尾巴长，
娶了媳妇儿忘了娘。
把娘背在山后头，
把媳妇儿背在炕头儿上。
媳妇儿想吃红宵梨[①]，
打了把儿，削了皮。
老娘想吃干烧饼，
没有闲钱补笊篱[②]。

二

麻鸦雀，尾巴长，
娶了媳妇儿忘了娘。
把娘背在山后头，
媳妇儿让到炕头儿上。
烙白饼，卷砂糖：
“媳妇儿媳妇儿你先尝，
我去看看咱们娘！”
咱娘变了一个屎壳郎[③]，
日棱[④]日棱赶不上。

【注释】①红宵梨：梨的一种。晚秋成熟，成熟后上边有一片粉红色 。②笊篱（zhàoli）：用柳条儿或铁丝儿编成的用具，用来捞水中的东西。③屎壳郎（shǐkelàng）：蜣螂。④日棱（rīleng）：小动物振翅飞的声音。

【简析】以上两首歌谣在讥讽娶媳妇儿忘娘的不孝行为。

麻 子 鬼

麻子鬼，偷凉水。
扳倒了缸，砸了腿。
你赔我的缸，我赔你的腿。

（选自《北平歌谣》Ⅰ）

麻子麻（二首）

一

麻子麻，上树爬。
狗一咬，人一拿。
栽了个麻跟头，
捡了个麻大钱，
上麻饽饽铺[①]，
买了个麻饽饽。
麻子吃，麻子看，
麻子打架麻子劝。
告麻官，麻老爷，
麻鞭子，麻板子，
单打麻子屁股板子。

二

麻子麻，上树爬。
狗又咬，猫又抓，
吓得麻子叫爸爸。
摔了个麻跟头，
拾了个麻大钱，
买了个麻烧饼。
麻子吃，麻子看，
麻子打架麻子劝。
麻衙役，拿板子，
单打麻子屁股眼子。

【注释】①饽饽铺：糕点铺。

马路当中走电车

马路当中走电车，
车碰车，车出辙，
铃铛掉，弓子折，
脚踏板儿，剐[1]汽车，
铃铛锤儿单打大麻壳[2]。

【注释】①剐：蹭。②大麻壳：大麻脸。
【简析】此歌谣为民国时期京城最初出现有轨电车时的歌谣。

迈 毛 儿

迈毛儿[1]，不吃亏儿，
长大是我孙儿。

【注释】①迈毛儿：抬起一条腿打旋从别人头上迈过。
【简析】这是孩童玩笑性的歌谣，表现了孩童的顽皮。

卖 什 么 呔？

A：卖什么呔？　　B：卖蒜的。
A：什么蒜？　　B：青皮萝卜紫皮蒜。
A：什么糕？　　B：马蹄糕。

A：高几丈？　　　　B：高三丈。
A：三丈几？　　　　B：三丈三。
A：请你老婆儿钻一钻！

【简析】这是女童做集体钻圈儿游戏时所唱的歌谣。

卖　油　的

卖油的，油滑子[①]；
卖麻花儿[②]的，生杂子[③]。

【注释】①油滑子：非常油滑的人。②麻花儿：一种油炸食品。为椭圆环状，两股儿粘在一起。③生杂子（gǎzázi）：对别人的事情经常进行干扰破坏的人（多用于男青少年）。

满天星斗十二行

满天星斗[①]十二行，
妹妹出门子要衣裳[②]。
大哥陪我的鹦哥绿[③]，
二哥陪我的鸭蛋青，
三哥陪我的胭脂粉，
四哥不是当家人。
大嫂教给我针线[④]多，

二嫂教给我织绫罗，
三嫂教给我描花样[5]，
四嫂教给我骂公婆。
谁家公婆许我骂？
天打雷劈吓死我。

【注释】①星斗：星的总称。②衣裳（yīshang）：衣服。③鹦哥绿：绸布料的颜色。④针线：指针线活。⑤花样：扎花儿的底样儿。

媒　　婆

媒婆，媒婆，两头儿说合，
不图挣钱，只图吃喝。

【简析】旧时撮合婚事的媒婆是不挣钱的，事成之后男方或女方家人请吃顿饭，或送点儿礼什么的。

门插关儿

门插关儿[1]，钌铞儿[2]，
炊帚疙瘩小哨儿。

【注释】①门插关儿：双扇儿门的门闩。②钌铞儿（liàodiàor）：

用来锁门的环环相扣的锁链，一端固定在门上或门框上，锁门时把另一端套在屈戌上，然后把锁挂在屈戌上扣紧。

庙里的门

庙里的门，火烧云①，
剃头的柜子，接血的盆②。

【注释】①火烧云：傍晚时分西边出现的红色云霞。②接血的盆：指屠宰牲畜时接血的盆。

【简析】这是一组民谣中的一首，即所谓“四红”。尚有“四大”“四小”“四白”“四黑”等，因其词不甚雅，故未录出。

庙门儿对庙门儿

庙门儿对庙门儿，
里头住着个小妞人儿：
白脸蛋儿，红嘴唇儿，
扭扭捏捏①爱死个人儿。

（选自《北平歌谣》Ⅰ）

【注释】①扭捏：矜持，拿捏。

命苦不怨政府

命苦不怨政府，
点儿背[1]不怨社会。

【注释】①点儿背：赌博中指手气不好，抓不到好牌。泛指时运不好。

【简析】此歌谣产生于21世纪以来。

N

那个孩子

那个孩子，不是好呔！
羊粪蛋儿包饺子。
我吃皮儿，你吃陷儿。
单打那孩子小屁股蛋儿。

男愁唱

男愁唱，女愁哭，
老太太发愁瞎[①]嘟嘟[②]。

【注释】①瞎：胡乱。②嘟嘟（dūdu）：此处指自言自语唠叨。

【简析】男人有发愁、烦心的事，一般爱低吟小曲儿；女人有发愁、烦心的事，多数人会痛哭流涕；老太太有发愁、烦心的事，一般会小声儿唠唠叨叨。

男 要 俏

男要俏，一身儿皂[①]；
女要俏，一身儿孝[②]。

【注释】①皂：黑色。②孝：像孝服一样的颜色，即白色。
【简析】男人穿黑色的衣服好看，女人穿白色的衣服好看。

南北垄儿地

南北垄儿地，
东西垄儿管儿，
人人都有偏心眼儿。

【简析】此歌谣重点在说“人人都有偏心眼儿”，前两句只起比兴作用。

南边儿来了卢二哥

南边儿来了卢二哥，
歪戴草帽儿横走着。
进了二门儿乱哆嗦，
叫声媳妇儿哥别打我！
四两猪肉大炒着，

老米子儿煮一锅。
媳妇儿吃完斗牌去，
孩子醒了我哄着，
拿尿盆儿来我捧着，
拿银灯来我顶着。

南山顶上草一棵

南山顶上草一棵，
最好别娶俩老婆。
两个老婆爱吵架，
吵起架来闹翻窝[①]。
有心要把大的打，
大的来的年头儿多；
有心要把小的打，
搽胭脂抹粉儿来哄我。
大的小的一齐打，
家里的孩子哭乱窠[②]；
大的小的都不打，
街坊邻居笑话我。

【注释】①窝：比喻居室。②窠：意同“窝”。比喻居室。

【简析】旧时可以一夫多妻，所以用此歌谣劝人最好不要多妻。

南 乡 人

南乡人[①]，怯话儿多，
张嘴儿并嘴儿列列个[②]。

【注释】①南乡人：北京南郊农民指称涿州等地的人。②列列个："夜里家"的音变，即昨天。

能让工人搂断腰

能[①]让工人[②]搂断腰，
不让农民摸一摸；
能让工人搂一搂，
不让农民瞅一瞅。

【注释】①能：北京方言，同连词"宁（nìng）"。②工人：郊区农民指称挣工资的人。

【简析】此歌谣产生于20世纪五六十年代。随着国家"高争购"政策的实行，农业生产搞得越来越不好，广大农民经常吃不饱饭，农村姑娘长大后都想通过婚姻改变一下自己的生活状况，设法找有固定工作、有一定工资收入的男子结为夫妻。此歌谣表现了农村男青年找不到老婆的牢骚与哀怨。

泥 瓦 匠

泥瓦匠，没有房；
纺织娘[1]，没衣裳；
编苇席的睡光炕[2]，
当奶妈的卖儿郎[3]。

【注释】①纺织娘：纺线织布的妇女。②光炕：没铺炕席的炕。③儿郎：儿子。

【简析】此歌谣反映了旧时贫富差距悬殊，劳动人民养活不了自己的情况。

你妈七你妈八

你妈七，你妈八，
你妈小脚儿开黄花。
左一盘儿，右一盘儿，
你妈肚子里有小孩儿。
多大了？会走了！
你妈肚子里又有了。

（选自《北平歌谣》Ⅱ）

你你你（二首）

一

你你你，拿棍儿比。
比不成，还是你。

二

你你你，是老米。
老米开花，是你干妈。
干妈打籽儿[①]，是你干婶儿。
干婶儿结骨朵儿，是你干叔儿。

【注释】①打籽儿：草本植物结籽儿。

你为什么奉教

你为什么奉教[①]？
我为三块本洋皂[②]。

【注释】①奉教：信奉某个宗教并加入该宗教组织。多指加入天主教或基督教。②本洋皂：指明中叶以后流入我国的西班牙银元。

你为什么恭敬天主

你为什么恭敬天主①？
我为四块五。
拿在我家下，
籴②了三斗高粱二斗谷，
剩下俩钱儿买了两车大白薯，
吃完了还没谱③。

【注释】①天主：天主教教徒所崇奉的神。②籴（dí）：买（粮食）。③没谱：没有指望。

【简析】同上首。

你也把他拉

你也把他拉，
我也把他拉，
一拉拉到老王家，
小米儿干饭①炒蛤蟆。

【注释】①干饭：捞饭（相对于水饭）。

你也去打粥

你也去打粥，我也去打粥。
没有孩子，抱个枕头。

（选自《北平歌谣》Ⅰ）

【简析】这是指旧时穷人到舍粥厂去排队打粥。当时，粥是按去的人头给，所以有"抱个枕头"冒充孩子的现象。

你 这 孩 子

你这孩子爱淘气，
送你南洼看①瓜地。
多咱②看得瓜熟了，
才叫你回去③。

【注释】①看（kān）：守护。②多咱（duōzan）：什么时候。③去：此处应该用"来"，用"去"为了押韵。

您 贵 姓

A：您贵姓？　B：我姓孟。
A：您干什么？　B：我星秤①。
A：一天星几杆？　B：三杆两杆都不定。

【注释】①星秤：在秤杆儿上做标志斤、两的秤星儿。

女招待

女招待[①]，真不赖[②]；
吃三毛[③]，给一块[④]。

【注释】①女招待：旧指餐厅、歌厅、舞厅等场所的女服务员。②不赖（búlài）：这里指这个职业不错。③毛：货币单位，角。④块：货币单位，元。

【简析】20世纪三四十年代，餐厅、歌厅、舞厅等服务场所的女服务员没有社会地位，她们经常是被少爷公子、兵痞流氓玩弄的对象。为了表现阔绰，他们往往出手大方，会多给些小费，所以产生了此歌谣。此歌谣有讥讽意味，并非真说此职业好。

O

噢，噢，别闹了

噢，噢，别闹了，
宝宝合眼睡觉了。
狼来了，狗来了，
猫猫背着猴子来了。
猫猫也睡，猴子也睡，
耗子吓得不喘气。

【简析】这是妈妈拍哄孩子快快入睡的歌谣。

P

拍打拍

拍打[1]拍，谁呀？
张果老啊！
你怎么不进来呀？
怕狗咬啊！
你兜着什么呢？
大酸枣啊！
你怎么不吃呀？
怕牙倒[2]啊！
你胳肢窝夹着什么呢？
破皮袄啊！
你怎么不穿呢？
怕虱子咬啊！
你怎么不叫你老伴儿帮你拿拿呀？
她死了啊！
你怎么不哭她呀？
“盆儿呀！罐儿呀！我的老伴儿呀！”

【注释】①拍打：用手掌轻轻地打。②牙倒：即倒牙。牙神经受了酸的过度刺激，再咀嚼时牙齿感觉不舒服。

拍 呀 拍

拍呀拍，拍燕儿窝，
拍出钱来打酒喝。

拍呀拍，拍燕儿窝，
拍出钱来买饽饽。

盘 腿 盘

盘腿[①]盘，盘三年。
三年整，菊花顶。
顶顶盖盖，跑马卖解[②]。
几匹好马，拿刀就剐[③]。
剐谁？剐贼[④]。
贼跑，拉倒[⑤]。

【注释】①盘腿：坐时两腿向里交叉平放。②跑马卖解（xiè）：通过马术表演赚钱。③剐（guǎ）：刮。此处指宰杀。④贼：盗窃者。⑤拉倒：作罢。

胖子胖

胖子胖，打麻将，
该人家钱，不还账。
气得别人直尿炕。

【简析】这是取笑肥胖小孩儿的儿歌。

炮队、马队、洋枪队

炮队、马队、洋枪队，
曹锟要打段祺瑞。
段祺瑞，充好人，
一心要打张作霖①。
张作霖，真有子儿②，
一心要打吴小鬼儿。
吴小鬼儿，真有钱，
坐着飞机就往南。
往南扔炸弹，
伤兵五百万。

（选自《北京的歌谣》）

【注释】①张作霖（1875—1928）：奉系军阀首领，辽宁海城人。土匪出身，1916年起转入军政界，盘踞东北地区。1920年、1924年曾两度进京把控北洋政府。1927年，组织安国军政府，自称陆海军大元帅。1928年被蒋介石打败，乘火车退回东北途中在沈阳附近皇姑屯车站被炸死。②有子儿：这里指有子弹。

【简析】这是军阀混战时期（1917—1927）产生的歌谣。

呸　呸

呸[①]呸！你婆婆姓崔。
催不到，你婆婆姓赵。
照不着，你婆婆摔瓢[②]。
摔瓢不破，你婆婆推磨[③]。
推磨不转，你婆婆吃饭。
吃饭不饱，你婆婆抱着砂锅[④]满街跑。

【注释】①呸：双唇外喷的声音，表示鄙视或斥责。②瓢：舀水或舀面的工具，用剖开的半个干葫芦做成。③磨：研磨粮食成面的工具，用两个圆石盘做成。④砂锅：用陶土和沙烧制成的锅。多用来煮炖食物。

片儿溜

片儿溜[①]，片儿瓦。
不打仨，就打俩。
俩不够，噼嚓啪嚓打一溜。

【注释】①片儿溜：在湖面用瓦片儿侧身打水漂儿。

【简析】这是男童在湖面比赛打水漂时所唱的歌谣。

平　则　门

平则门[①]，拉硬弓，
隔壁儿就是朝天宫。
朝天宫，写大字，
隔壁儿就是白塔寺。
白塔寺，挂红袍，
隔壁儿就是马市桥。
马市桥，跳三跳，
隔壁儿就是帝王庙。
帝王庙，换葫芦，
隔壁儿就是四牌楼。
四牌楼东，四牌楼西，
四牌楼底下卖估衣[②]。
我问估衣怎么卖？
桃花裙子二两一[③]。
老太太打个火、抽袋烟，
隔壁儿就是毛家湾。
毛家湾，找老四，
隔壁儿就是护国寺。
护国寺，卖巴狗儿，
隔壁儿就是新街口儿。
新街口儿，道儿长，

隔壁儿就是蒋养房。
蒋养房，按袋烟[④]，
隔壁儿就是王奶奶。
王奶奶，啃瓜皮，
隔壁儿就是火药局。
火药局，丢花针，
隔壁儿就是北城根。
北城根，卖破盆，
隔壁儿就是德胜门。
德胜门，两头儿缩，
当间儿有个王八窝。
晴天出来晒盖子，
阴天出来把头缩。

【注释】①平则门：即今阜成门。②估衣（gùyi）：出售的旧衣服。③二两一：以银两计算的价钱。④按袋烟：把烟末儿装入烟锅中，用拇指肚按实。

铺 稻 草

铺稻草，盖稻草，
还是有个老头儿[①]好。

【注释】①老头儿：此处指丈夫。

【简析】此歌谣的意思是，生活再苦，有个恩爱的伴侣也是幸福的。

噗咔噔儿

噗咔噔儿①，琉璃笛，
姐姐随我唱新曲。
走马儿灯②，凭气转，
三娘推磨脚踢毽③。
冻手脚，好冷天，
孔明因何拿把扇？

【注释】①噗咔噔儿（pūbudèngr）：一种儿童玩具。用玻璃制成，一端是一个圆形平面，极薄；另一端较尖细，并引出一根长长的细管儿。从细管儿的开口处吹气，另一端的平面部分即振动作响，发出噗噔噗噔的声音。②走马儿灯：一种供玩赏的灯。用彩纸剪成各种人骑着马的形象，贴在灯里特制的轮子上，轮子因蜡烛的火焰形成的空气对流而转动，骑马的人物形象也随着绕圈儿。③毽：毽子。

【简析】噗咔噔儿、琉璃笛是新年儿童玩具，走马儿灯是新年的观赏物，三娘和孔明是走马儿灯上所画的人物。

蒲棱儿车（二首）

一

蒲棱儿车①，大马拉，
哗啦②哗啦到娘家。
爹出来抱包袱，
娘出来抱娃娃，

哥哥出来抱匣子，
嫂子出来一扭搭。
嫂子嫂子别扭搭，
当天来，当天走，
不吃你饭，不喝你酒。

二

蒲棱儿车，呱嗒嗒，
一摇鞭子到你家。
爹看见，抱包袱，
娘看见，抱娃娃。
哥哥看见瞅一瞅，
嫂子看见扭一扭。
不用你瞅，不用你扭，
今天来了明天走。
爹死了，我念经；
娘死了，我唱戏；
哥哥死了，烧张纸；
嫂子死了，棺材上边抹狗屎。

【注释】①蒲棱儿车：扎了席篷的大车（“蒲棱”为“篷”的切脚语）。②哗啦：拟声词。此处指金属锁链的晃动声。

【简析】“我念经”“ 我唱戏”是“我请人念经”“我请人唱戏”的简说。旧时，人死有请和尚念经超度和请戏班儿唱戏的习俗。

Q

七　月　半

七月半，蚊虫[①]像石钻。
八月半，蚊虫去一半。
九月半，蚊虫嘴开了花儿[②]，死了散。

【注释】①蚊虫：蚊子。②蚊虫嘴开了花儿：蚊虫死时嘴裂开。

【简析】在北京地区，七月十五前后是蚊虫最猖獗的时候。

蹊　蹊　跷

蹊蹊跷，换把刀。
刀儿快，切青菜。
青菜青，换个弓。
弓没头，换个牛。
牛没甲[①]，换个马。
马没鞍，上南山。

南山一窝兔儿，
剥了皮儿穿条库儿。

【注释】①甲：动物身上的硬壳。

牵 牛 花

牵牛花，吹喇叭，
爬上篱笆干什么？
要给篱笆来戴花。
戴红花，戴紫花，
乐得篱笆笑哈哈。

前门楼子高不高

前门楼子高不高？
三丈三，六丈六，
十丈不够九丈九。

前门楼子修得高

前门楼子修得高，
菜市口人多闹吵吵，

彰仪门[①]外石头道，
大井小井卢沟桥。
卢沟桥有十一孔，
东头儿狮子西头儿象。
长辛店街五里长，
二十五里到良乡。
良乡塔，半山坡，
过了窦店，琉璃河。
琉璃河，一道沟，
三十五里到涿州。
涿州南关娘娘庙[②]，
涿州北关好戏楼。
涿州东关校军场[③]，
涿州西关水倒流。

【注释】①彰仪门：即今广安门。②娘娘庙：供奉送子观音菩萨的寺庙。旧时，婚后不育的妇人常常去烧香求子。③校军场：训练军队的场地。

劁猪毫

劁[①]猪毫，打驴蹄；
骟[②]骡子、骟马，不骟驴。

【注释】①劁（qiāo）：阉割（猪等）。②骟（shàn）：用手术的办法去掉马、狗等的睾丸。

青 青 菜

青青菜，色变黄，
儿子就怕没了娘。
若是有娘不怕哥，
若是有娘不怕嫂，
若是有娘不怕断房粱。
老娘看我是金山，
老爹看我是金苗，
哥哥看我是个痴子，
嫂嫂看我是个驴粪球子。

清 早 起 来

清早起来，梳头、洗脸、买官米，
不为的是①米，为的是挤。

【注释】①为的是：表示行为的目的。

亲 家 女 儿

亲家女儿会梳头，
一梳梳到麦子熟，
麦子磨成面，
芝麻磨成油。

亲家太太

亲家太太你往里，
有句话，告诉你：
“你的女儿不成器[①]，
扫着地，拉拉[②]屁。”

【注释】①不成器：没出息。②拉拉（lála）：断断续续地滴漏或流出。

穷人万般都是难

穷人万般[①]都是难，
未从[②]做事心里转。
喝口凉水又把稀屎蹿[③]，
电车过来铃儿也听不见，
一命呜呼[④]上西天。

【注释】①万般：各种各样的事情。②未从：在说或做某事之前（讲唱文学多用）。③蹿：喷射。此处指腹泻。④呜呼：指死亡。

穷太太儿

穷太太儿，抱着个肩儿。
吃完了饭儿，绕了个弯儿①，
又买槟榔②又买烟儿③。

（选自《北平歌谣》Ⅰ）

【注释】①绕弯儿：遛弯儿。②槟榔（bīnglang）：产于热带地区的一种果实。③烟儿：这里指纸烟。

【简析】这首歌谣的意思是，虽然穷，依然放不下架子，依然游手好闲，无所事事，讲玩儿，讲吃，讲喝，讲享受。

娶个媳妇儿

娶个媳妇儿是好事儿，
养活个儿子当玩意儿①，
要吃要喝是难事儿。

【注释】①玩意儿：玩具。

【简析】此歌谣的意思是，过单身生活比较省心，一人吃饱一家子不饿，成家以后有了老婆、孩子，就要承担起一家人的负担，就要为生活奋斗、拼搏了。

娶媳妇儿的

娶媳妇儿的，门口儿过，
宫灯戳灯十二个。
旗锣伞扇站两旁，
八个鼓手奏细乐[①]。
轿子抬着姑娘走，
抬到婆家的大门口。
进门儿入洞房，
去会小新郎。
娶了三年并二载，
丫头小子没处儿摆。

（选自《北平歌谣》Ⅰ）

【注释】①细乐：指丝竹之声。

【简析】宫灯戳灯、旗锣伞扇都是结婚时的仪仗。

R

人背痦子

人背痦子[1]，一辈子混不上条裤子；
痦子背人[2]，骡马成群[3]。

【注释】①人背痦子：痦子长在背部。②痦子背人：痦子长在前身。③骡马成群：形容日子富足。

【简析】这是说，背部长痦子不好，前身长痦子好。当然，这种说法是没有科学根据的。

人家赶集我也赶集

人家赶集，我也赶集。
人家骑马我骑驴。
回头看见推车汉，
比上不足比下有余。

【简析】此歌谣表现了一种知足常乐的心态。

人是铁饭是钢

人是铁，饭是钢，
一顿不吃就发慌。

人之初（二首）

一

人之初，狗咬猪。
性本善，大碗儿面。
先生吃，我砸蒜；
先生不吃，我不念。

二

人之初，狗咬猪；
性本善，狗咬蛋[①]。

【注释】①蛋：睾丸。

【简析】“人之初，性本善”是蒙学读物《三字经》的开篇语。以上两首歌谣是蒙童学了《三字经》以后的调侃性歌谣。

扔了草帘换上毡

扔了草帘换上毡，
买了枕头扔了砖。

身上穿上了整裆裤，
说话再不用打颤颤。
从小儿长到这么大，
做梦也没想到有今天。

【简析】这是描写京西矿工 1949 年后生活变化的歌谣。过去睡觉铺的是草帘子，用砖当枕头，冬天穿的是套裤，跟窑头儿说话战战兢兢、哆哆嗦嗦。这些都一去不复返了，这种变化是做梦也没有想到的。

日本鬼儿

日本鬼儿，喝凉水儿。
坐火车，轧断腿儿。
坐轮船，沉了底儿。
坐飞机，摔个死儿。
露露头，挨枪子儿。

【简析】这首儿歌反映了沦陷区的人民对作恶多端的日本侵略者的高度憎恨。

日朝东来月朝西

日朝东来月朝西，
黑夜做梦天早知。
好梦落在今何日，
不好落在莲花池。
消灾，消灾，
祸去，福来。

日头出来一点红

日头[①]出来一点红，
师傅骑马我骑龙。
师傅骑马绕街走，
我骑青龙过海东。
海东有我家，
我家种着五盆花。
大姐爱的是红芍药，
二姐爱的是牡丹花，
三姐爱的是桃花瓣，
四姐爱的是大莲花。
剩下五姐没的爱，
一门心思[②]要出家。
出家人儿乐陶陶[③]：
一来不受公婆气，
二来不受丈夫熬[④]，

三来怀中不抱子[5]，
四来散淡[6]又逍遥[7]。

【注释】①日头：太阳。②一门心思：一心一意；专心致志。③乐陶陶：非常快乐的样子。④熬（áo）：煎熬。⑤子：孩子。⑥散淡：闲散恬淡。⑦逍遥：自由自在。

入套儿

入[1]，入，入套儿，
入到南关小庙儿。
你一碗儿，我一碗儿，
没给兔儿留一点儿。

【注释】①入：使进入。
【简析】此为女童游戏歌谣。

S

纱 窗 外

纱窗纱窗外，
厚底儿①响叮当。
问了一声谁?
隔壁儿王大娘。
王大娘，请到屋里高凳上坐!
掀开红绫帐，
瞧见二姑娘，
二姑娘病得不像人样。
二姑娘怎么不梳头?
没有桂花儿油。
二姑娘怎么不洗脸?
没有玫瑰碱。
二姑娘怎么不吃饭?
没有烙饼摊鸡蛋。
二姑娘怎么不喝粥?
没有金钩儿如意，八宝儿菜。

【注释】①厚底儿：厚鞋底儿。

沙土地儿

沙土地儿，跑白马，
一跑跑到丈人[①]家。
大舅子[②]往里让，
小舅子往里拉。
隔着竹帘儿看见她：
银盘大脸黑头发，
月白[③]缎子棉袄银纥繨[④]。

【注释】①丈人：岳父。②大舅子：妻子的哥哥。③月白（yuèbai）：淡蓝色。④纥繨：此处指纽扣。

傻子傻

傻子傻，上白塔。
白塔高，一下儿摔了傻子腰。
傻子哭，傻子喊，
傻子媳妇儿也不管。
三根头发两把辫，
每逢走道儿摇三摇。
挤眉咧嘴说闲话，
终究[①]长不成“长把儿瓢”。
老爹看他是金山，
老娘看他是银山。
金子银子我不管，

我们总看是个白饶[2]。

【注释】①终究：毕竟，到底。②白饶：无代价额外所给。此处意为没有用处的东西。

上轱辘台

上轱辘台，下轱辘台，
张家妈妈倒茶来。
茶也香，酒也香，
十八个骆驼驮衣裳。
驮不动，叫麻愣。
麻愣含着一口水，
喷湿了小姐花裤腿。
“小姐小姐你别恼，
明儿[1]后儿[2]车来到！”
“什么车？”
“红轱辘轿车[3]白马拉，
里头坐着个俏人家[4]。
灰鼠皮袄银鼠褂，
对子荷包[5]小针儿扎，
烟袋杆儿一尺八。”

【注释】①明儿（míngr）：明天。②后儿（hòur）：后天。③轿车：有篷的骡马车。④俏人家：帅男子。⑤荷包（hébao）：随身携带的装东西的小包。装碎烟末儿的叫烟荷包。

上山的骡子

上山的骡子，下山的马，
平地的毛驴儿不用打。

（选自《北平歌谣》Ⅱ）

【简析】上山用骡子驮东西比较好，因为骡子既有耐力，又稳当可靠。马善于下坡，下山用马驮东西比较稳当。毛驴儿在平地驮东西能自觉地颠跑，从不用赶驴人鞭打。这是说哪种牲畜适宜做什么的歌谣。

山上一窝鸡

山上一窝鸡，
不孝母来竟爱妻。
他妈要吃大面包，
没有闲钱给买去；
媳妇儿要吃大鸭梨，
扤上篮子去上集。
买了几十个，
倒坐门墩儿①去削皮。
叫声贤②妻你快吃，
不看③老东西来骂你！

【注释】①门墩儿：街门门框下方的石墩，有花纹雕饰。②贤：敬辞，用于平辈或晚辈。③不看：免得。

谁跟我玩儿

谁跟我玩儿，打火镰儿。
火镰儿花，卖甜瓜。
甜瓜苦，卖豆腐。
豆腐烂，摊鸡蛋。
鸡蛋鸡蛋壳壳，
里边儿住着个格格。
格格出来买菜，
里边儿住着个奶奶。
奶奶出来烧香，
里边儿住着个姑娘。
姑娘出来点灯，
烧了鼻子眼睛。

什么歌好听口难开

什么歌好听口难开？
什么果好吃树难栽？
什么米好吃田难种？
什么好打网难抬？

秧歌好听口难开，
樱桃好吃树难栽，
大米好吃田难种，
鱼儿好打网难抬。

什么鸟儿穿黑又穿白？
什么鸟儿穿着皂靴来？
什么鸟儿身披十样锦？
什么鸟儿穿着蓑衣来？

喜鹊穿黑又穿白，
乌鸦穿着皂靴来，
凤凰身披十样锦，
鹌鹑穿着蓑衣来。

什么虫有头没有尾？
什么虫有尾没有头？
什么虫有头又有尾？
什么虫没尾又没头？

蛤蟆有头没有尾，
蝎子有尾没有头，
蛐蛐儿有头又有尾，
蚯蚓没尾又没头。

什么有腿不会走？
什么没腿游遍九州？
什么有嘴不会说话？
什么没嘴吱吱扭扭？

板凳有腿不会走，
大船没腿游遍九州，

茶壶有嘴不会说话，
小车儿没嘴吱吱扭扭。

什么弯弯在青天？
什么弯弯在眼前?
什么弯弯长街买?
什么弯弯水中眠?

月牙儿弯弯在青天，
眉毛弯弯在眼前，
羊角茭弯弯长街卖，
菱角弯弯水中眠。

什么圆圆在天边?
什么圆圆在眼前?
什么圆圆长街卖?
什么圆圆水上眠?

月亮圆圆在天边，
眼镜儿圆圆在眼前，
烧饼圆圆长街卖，
荷叶圆圆水上眠。

什么圆圆圆上天

什么圆圆圆上天？
什么圆圆在水边？
什么圆圆街上卖？
什么圆圆姑娘前？

太阳圆圆圆上天。
荷叶圆圆在水边。
烧饼圆圆街上卖。
镜子圆圆姑娘前。

什么尖尖尖上天？
什么尖尖在水边？
什么尖尖街上卖？
什么尖尖姑娘前？

宝塔尖尖尖上天。
菱角尖尖在水边。
粽子尖尖街上卖。
花针儿尖尖姑娘前。

什么方方方上天？
什么方方在水边？
什么方方街上卖？
什么方方姑娘前？

风筝方方方上天。

丝网方方在水边。
豆腐方方街上卖。
手巾方方姑娘前。

什么弯弯弯上天?
什么弯弯在水边?
什么弯弯街上卖?
什么弯弯姑娘前?

月亮弯弯弯上天。
白藕弯弯在水边。
黄瓜弯弯街上卖。
木梳弯弯姑娘前。

（选自《北京的歌谣》）

十个麻子九个富

十个麻子九个富,
就怕麻子没点数。
十个胖子九个富,
就怕胖子没屁股。

十七十八力不全

十七十八力不全，
二十七八正当年[①]，
三十七八还行了[②]，
四十七八就玩儿完[③]。

【注释】①正当年：正是身强力壮的时候。②行了（xíngliǎo）：可以。③玩儿完：完蛋。

【简析】这些数字都是指年龄。人在十七八岁的时候，正是身体发育期，所以力不全。二十七八岁到三十七八岁，正是身强力壮的时候。四十七八岁以后，身体慢慢走下坡路。但按现在的生活条件，离玩儿完还差得远呢！如身体无大碍，活八九十岁也没什么问题。

十七岁的姑娘要出家

十七岁的姑娘要出家[①]，
同岁的姑娘来劝她：
妹子妹子你别出家，
叫你爹娘给你寻个好婆家；
又使[②]骡子又使马，
高楼瓦房并大厦[③]，
珍珠玛瑙点[④]翠花，
针线笸箩儿炕上拉，
炕上的孩子呱呱呱[⑤]。

我也不使骡子不使马，
我也不住高楼瓦房并大厦，
我也不要珍珠玛瑙点翠花，
我也不要针线笸箩儿炕上拉，
我也不要炕上的孩子呱呱呱，
一心要出家。

【注释】①出家：离开家庭到庙宇里去做僧尼。②使：役使。③大厦：高大的房子。④点：装点，点缀。⑤呱呱呱：孩童的说话声。

十　月　一

十月一，是国庆，
家家户户都欢庆。
工人叔叔扛红旗，
阿姨、哥哥穿新衣。
小鸽子，衔气球，
飞上天空甩彩绸。
真高兴，真欢喜，
爸爸带我游行去。
高举一杆小红旗，
天安门前去见毛主席。

（选自《北京的歌谣》）

【简析】这是家家户户、男女老少欢度国庆节的歌谣。1971年以前，每年国庆节天安门前都有北京各界群众大游行。

什不闲儿

什不闲儿[①]的鼓，
什不闲儿的锣，
一群小孩儿唱秧歌。
唱得好来就说好，
唱得不好听打锣。
咚，咚咚咚！

【注释】①什不闲儿：一种民间曲艺，用锣、鼓、铙、钹等伴奏。在京津保地区流行，民国后逐渐失传。

【简析】这是一首儿童游戏的儿歌。

石榴花儿的姐（二首）

一

石榴花儿的姐，
茉莉花儿的郎，
芙蓉花儿的帐子，
桂花儿的床，
兰芝花儿的被，

绣球的枕头闹嚷嚷[①]。
秋香海棠来扫地，
虞美人的姑娘进绣房。
一走走到门帘帐，
脸搽银花儿香，
嘴点莲花瓣儿香。
走一步，万花儿香；
走两步，玫瑰露香；
走三步，进花园儿，
指甲草儿串枝莲儿。

二

石榴花儿的姐，
茉莉花儿的郎，
芙蓉花儿的帐子，
绣花儿的床，
兰芝花儿的枕头，
芍药花儿的被，
绣球花儿的褥子闹嚷嚷。
叫声秋菊海棠来扫地，
虞美人儿的姑娘走进了房。
两对菱花镜，
梳油头桂花儿香，
脸搽官粉玉簪花儿香，
嘴点朱唇桃花瓣儿香。
身穿一件大红袄，
下地罗裙拖落地长。
叫声松花儿来扫地，

-S-

松花儿扫地百合花儿香。
茨菰叶儿尖，
荷花叶儿圆，
灵芝开花儿抱牡丹；
水仙开花儿香十里，
栀子开花儿嫂嫂望江南。

（选自《北京的歌谣》）

【注释】①闹嚷嚷（nàorāngrāng）：形容喧哗闹腾。

石　头　人

石头人，一只眼，
修完铁道就要反①。

【注释】①反：反叛；造反。

【简析】清末，政府曾向多个列强借款修铁路。据说此歌谣出现于工地挖出的一个石雕人像上，暗指推翻清王朝的革命即将爆发，清政府即将灭亡。

拾煤核儿

拾[1]煤核儿[2]，捡[3]沟货[4]，
做小买卖儿[5]，拉洋车。

【注释】①拾：捡拾。②煤核儿（méihúr）：煤球儿尚未烧透的部分。③捡：捡拾。④沟货：被扔掉的废弃物，如废纸、碎玻璃、麻绳头儿等。当时，这些东西经常被扔在路旁的沟子里。⑤小买卖儿：指推车、担担、摆摊儿等小营生。

【简析】这是日据时期京城流行的歌谣。日据时期的北平，通货膨胀，百业凋零，物资奇缺，就连吃的共和面儿、食盐，用的火柴，都得靠配给，百姓生活在水深火热之中，难以活下去，捡破烂儿、摆小摊儿、卖苦力等成了底层百姓的谋生选择。

是我的兵

是我的兵，跟我走；
不是我的兵，拿[1]屁崩[2]。
崩到河边儿喂老鹰。

【注释】①拿：用。②崩：声浪撞击。

【简析】这是男童做集体游戏时当首领者所唱的歌谣。

手拿一吊多

手拿一吊[①]多，
出门儿碰见李大哥。
大哥大哥听我说：
“杂和面儿[②]，
一斤涨到一吊多。”

（选自《北京的歌谣》）

【注释】①吊：旧时钱币单位。一般一千个制钱为一吊。②杂和面儿：掺少量豆类磨成的玉米面儿。

手心儿手腕儿

手心儿，
手腕儿。
扤花篮儿，
挑水担儿，
听声儿，
闻香儿，
看亮儿，
嘴里有个小胖儿。

【简析】这是大人在哄婴儿时唱的歌谣。大人把婴儿抱在腿上，用手指他身体的每个部位，同时告诉他每个部位有什么功用。它们分别说的是：手心、手腕、肘部、肩、耳朵、鼻子、眼睛和舌头。

寿星老儿

寿星老儿，福禄星。
增福增寿增长生。
生文生武生贵子，
子孝孙贤辈儿辈儿荣。

（选自《北平歌谣》Ⅰ）

【简析】**此歌谣是民间艺人的唱词。**

秫秸裤儿

秫秸裤儿①，打滑秸②，
新娶的媳妇儿想娘家。
想着想着哥哥来接，
四套骡子蒲棱儿车。
大绿袄，花云肩，
红缎裙子锦镶边。
支使③丫头抱红毡，
问问婆婆住几天。
婆婆说：
“天又冷，地又寒，
给你日子你作难，
爱住几天住几天！”
爹见了，接包袱；

娘见了，抱红匣；
嫂子见了一扭搭。
嫂子嫂子别扭搭，
不吃你家的饭，
不喝你家的酒，
看看爹娘俺就走。
有俺爹娘来几趟，
没了爹娘略过手。
俺娘送在大门外，
哭哭啼啼拜两拜。
俺爹送在大门西，
哭哭啼啼作俩揖。
哥哥送到枣树行④，
背着哥哥记一账。
先写爹，后写娘，
再写嫂子不贤良。
爹死了，金棺材；
娘死了，银棺材；
哥哥死了油漆板；
嫂子死了拿席卷。
爹坟头儿，烧金子；
娘坟头儿，烧银子；
哥哥坟头儿烧纸钱，
嫂子坟头儿拉泡屎。

【注释】①秫秸裤儿：高粱秸的叶皮。②滑秸：麦子经过轧场脱粒后，剩下的碎烂麦秸。③支使（zhīshi）：指派或命令（别人做某事）。④行（hàng）：成行列的树木。

数一数二数张郎

数一数二数张郎，
张郎一，数大鸡。
鸡下蛋，数麻燕。
麻燕窝，数大哥。
哥吃米，数到你。

树叶儿绿

树叶儿绿，树枝儿青，
青树枝儿上落黄莺。
黄莺喳喳叫，燕子满林中。

树叶儿青

树叶儿青，呀呀儿英，
我跟姐姐过一冬。
姐姐盖着花花被，
妹妹盖着羊皮睡。
姐姐穿着绸子袄，
妹妹穿着破皮袄。
姐姐戴着金簪子，
妹妹戴着竹签子。

姐姐骑着高头马，
妹妹骑着树卡杈。
姐姐登着银镫儿，
妹妹登着墙缝儿。
姐姐抱着个银娃娃，
妹妹抱着个癞蛤蟆，
走一步来，
咕儿呱，咕儿呱，又咕儿呱。

双双人儿到我家

双双人儿到我家。
我家媳妇儿会擀面：
拿起擀杖[①]一大片，
拿刀一切赛如线[②]，
下在锅里团团转，
盛在碗里莲花瓣。
公一碗，婆一碗，
两个小姑子各半碗，
案板底下藏一碗。
猫儿过来舔舔碗，
狗儿过来砸了碗，
耗子过来锔[③]上碗，
吓得媳妇儿直瞪眼。
媳妇儿媳妇儿在哪里睡？
在炉坑[④]里睡。

睡什么？睡羊皮。
盖什么？盖狗皮。
枕什么？枕棒槌⑤。
公公拿着一摞砖⑥，
婆婆拿着一溜鞭，
打得媳妇儿一溜烟⑦。

【注释】①擀杖：即擀面杖。②赛如线：好像线一样细。③锔（jū）：用锔子钉上。④炉坑：地炉子用来储存炉渣的地坑。⑤棒槌：洗衣物时用来捶打，洗过晾干后的衣物用来将之捶平的木棒（一般为一对）。⑥摞 (luò)：量词，用于重叠放置的东西。⑦一溜烟：形容跑得很快。

水　牛　儿

水牛儿①，水牛儿，
先出犄角后出头。
你爹、你妈，
给你买的烧肝、烧羊肉；
你不吃，不给你留。
在哪儿呢？
在坟头儿后头。

【注释】①水牛儿：即蜗牛。

说 胡 话

说胡话，道[①]话胡，
抄[②]起镰刀耪两锄。
一耪[③]耪到枣树下，
绿杏儿掉下一大兜。

【注释】①道：说。②抄：抓取；顺手拿。③耪（pǎng）：用锄锄（地）。

说了一个一（三首）

一

说了一个一，道了一个一，刘秀才打马出城西。
说了一个二，道了一个二，大闹天宫孙猴儿。
说了一个三，道了一个三，三人三马赶三关。
说了一个四，道了一个四，孟良[①]放火烧塔寺。
说了一个五，到了一个五，存孝[②]打过猛老虎。
说了一个六，道了一个六，包老爷[③]杀过曹国舅[④]。
说了一个七，道了一个七，十二个寡妇[⑤]去征西。
说了一个八，道了一个八，八人八马往前杀。
说了一个九，道了一个九，陈琳[⑥]抱着太子走。
说了一个十，道了一个十，十座高山好景致。

二

说了一个一，道了一个一，什么开花儿在河里？
莲蓬[7]开花儿在河里。
说了一个二，道了一个二，什么开花儿一根棍儿？
韭菜开花儿一根棍儿。
说了一个三，道了一个三，什么开花儿在道边？
蒺藜开花儿在道边。
说了一个四，道了一个四，什么开花儿一身刺？
黄瓜开花儿一身刺。
说了一个五，到了一个五，什么开花儿一嘟噜[8]？
葡萄开花儿一嘟噜。
说了一个六，道了一个六，什么开花儿一碟肉？
淑气花儿[9]开花儿一碟肉。
说了一个七，道了一个七，什么开花儿赛公鸡？
鸡冠子开花儿赛[10]公鸡。
说了一个八，道了一个八，什么开花儿带喇叭？
茉莉开花儿带喇叭。
说了一个九，道了一个九，什么开花儿做烧酒[11]？
高粱开花儿做烧酒。
说了一个十，道了一个十，什么开花儿像羹匙？
玉簪开花儿像羹匙[12]。

三

说了一个一，道了一个一，什么开花儿在河里？
菱角开花儿在河里。
说了一个二，道了一个二，什么开花儿一根棍儿？
韭菜开花儿一根棍儿。

说了一个三，道了一个三，什么开花儿在道边？
马蔺开花儿在道边。
说了一个四，道了一个四，什么开花儿一身刺？
黄瓜开花儿一身刺。
说了一个五，道了一个五，什么开花儿一嘟噜？
藤萝开花儿一嘟噜。
说了一个六，道了一个六，什么开花儿满地走？
扁豆开花儿满地走。
说了一个七，道了一个七，什么开花儿在水里？
水仙开花儿在水里。
说了一个八，道了一个八，什么开花儿像喇叭？
牵牛开花儿像喇叭。
说了一个九，道了一个九，什么开花儿手拉手？
丝瓜开花儿手拉手。
说了一个十，道了一个十，什么开花儿像羹匙？
玉簪开花儿像羹匙。

【注释】①孟良：宋杨家将故事中的人物。②存孝：即李存孝（？—894），唐末人，李克用养子。善骑射，是一名勇将。后反，遭车裂。③包老爷：即包拯。④曹国舅：中国古代传说中的八仙之一。⑤十二个寡妇：传说杨继业一门为了保大宋江山，最后只剩下了十二寡妇继续保国。⑥陈琳（？—217）：汉末文学家，“建安七子”之一。⑦莲蓬：即莲。⑧嘟噜（dūlu）：量词。用于连成一簇的东西。⑨淑气花儿：蜀葵。⑩赛：好像；跟……一样。⑪烧酒：白酒。⑫羹匙：汤匙。

说什么说

说，说，说什么说？
你们锅台连着锅。
唱，唱，唱什么唱？
你们锅台连着炕。
你们窗户在墙上，
你们烟囱在房上。

司徒司空

司徒司空，百家姓终。
豆儿稀饭，黄瓜腌葱。
猫儿打鼓，耗子撞钟。

【简析】“司徒司空，百家姓终”，是启蒙读物《百家姓》最后的两句话（《百家姓》版本众多，此为其中之一）。这首歌谣是儿童学了《百家姓》以后调侃性的歌谣。

四牌楼

四牌楼东，四牌楼西，
四牌楼底下挂烧猪。
大爷说是狼，

二爷说是虎，
三爷说是四眼犄角梅花儿鹿。
解南来了一个董二叔，说：
“你们老哥儿仨别抬杠，
它也不是狼，
它也不是虎，
它也不是四眼犄角梅花儿鹿，
它是多年的象崽子没长足。”

【简析】此歌谣讽刺不懂装懂的行为。

酸枣儿棵棵

酸枣儿棵棵，树叶儿多多，
额娘[①]养我独一个。
金盆里洗，银盆里卧，
长大了，说个婆婆[②]。
说的哪儿？南沙河。
一个公公一个婆，
一个小姑子管着我。
我清早起，打菜[③]去；
下山来，喂嘞嘞[④]。
打甜水，沏茶喝；
打苦水，喂鸭鹅。
井台高，绳儿细，
勒得我小手儿怪疼的。

谁给我额娘送个信儿去，
多多带点儿顸[⑤]绳儿来。
天寒冷，没棉衣，
冻得小妞儿直打嘚嘚[⑥]。
谁给我额娘送个信儿去，
多多带点儿棉絮来。
放鸭，放鹅，泪涟涟，
小妞儿的命好可怜！
谁给我额娘送个信儿去，
多多给我捎点儿纸来。

【注释】①额娘（éniáng）：满族对母亲的称呼。②说婆婆：介绍婆家。③打菜：挖野菜。④嘞嘞（lēle）：猪。⑤顸（hān）：粗。⑥打嘚嘚（dǎdēidei）：发抖；打哆嗦。

酸枣儿树（二首）

一

酸枣儿树，树叶儿多，
我妈养我独一个。
长大了，说婆婆，
十个公婆管着我。
大姑子[①]管着花儿鞋不落地，
小姑子[②]管着裤腿儿不粘泥。
黑夜听着山水响，
白天看着山水流；

有心要跟山水去，
又怕山水不回头。

二

酸枣儿树，树叶儿尖，
公母儿俩吃饭把门关。
苍蝇叼走一个饭米粒儿，
一追追到太平山。
太平山，有座庙，
公母儿俩跪下就祷告。
求一签，算一卦，
“伤财惹气你回去吧！”

（选自《北平歌谣》Ⅰ）

【注释】①大姑子：丈夫的姐姐。②小姑子：丈夫的妹妹。

酸枣儿酸枣儿棵棵

酸枣儿酸枣儿棵棵，
树叶儿树叶儿多多。
她妈养活她独一个，
金盆里洗，银盆里卧。
长大了，说婆婆。
“十二个公公，十二个婆婆，
十二个小姑子管着我。
清早起来打水去，

井台儿高，绳儿细，
勒得我小手儿怪疼的。
谁给我爹妈捎个信儿，
多多带点儿井绳来！”

（选自《北京的歌谣》）

T

太阳出来点点红

太阳出来点点红，
谁骑马？我骑马。
谁骑龙？我骑龙。
骑着黄龙逛海东，
一逛逛到丈人家。
大舅子出来往里让，
小舅子出来往里拉。
一让让到书房里，
八仙桌子放当中，
乌木筷子抹①三双。
一碗清茶没喝了，
隔着竹帘看见她：
四方大脸黑头发，
红头绳儿②，马尾扎③，
红绸子棉袄打着算盘纥繨④。

【注释】①抹（mā）：用抹布擦。②头绳儿：姑娘扎发辫的毛绒绳（多为红色）。③扎（zā）：捆束。④算盘纥繨：用布

做的小球形纽扣。

太阳出来一点红（三首）

一

太阳出来一点红，
人家骑马我骑龙。
骑真龙，过海东，
海东有我丈人家。
大舅子看见往里让，
小舅子看见往里拉。
丈母娘下炕就烧茶。
一碗茶没喝了，
隔着竹帘儿瞧见她：
青缎子中衣[①]牡丹花扎，
月白小袄儿狗牙掐[②]，
小红鞋儿二寸八，
上头绣着喇叭花。
等我回到家，
告诉我爹妈，
就是典[③]了房子去了地，
也要来娶她。

二

太阳出来一点红，
师傅骑马我骑龙。

师傅骑马沿街走，
我骑蛟龙[4]水上游。

（选自《北京的歌谣》）

三

太阳出来一点红，
我妈不给我买头绳。
买了头绳我嫌短，
我妈不给我梳高纂。
梳了高纂我嫌小，
我妈不给我做红袄。
做了红袄不可身儿[5]，
我妈不给我做罗裙儿。
做了罗裙儿不对门儿，
我妈说：
“狗丫头[6]气死人儿！”

【注释】①中衣：上衣。②狗牙掐：旧时绸缎衣服要镶边儿，此为镶边儿的一种样式。③典：典押。④蛟龙：传说中兴风作浪、会发洪水的龙。⑤可身儿：合身儿。⑥狗丫头：昵骂语。

太阳出来照西坡

太阳出来照西坡，
年轻的小伙儿怕老婆。

是人怕，没我怕：
炒肉丝儿溜饹馇[1]，
人家吃，我瞅着；
孩子哭，我哄着；
点上灯，我顶着。

【注释】①饹馇（gēzha）：食品名。把绿豆面澥成糊状摊成的饼状物，可进一步制成多种菜肴或做汤食。

糖瓜儿祭灶

糖瓜儿[1]祭灶[2]，
新年来到。
闺女要花儿，
小子[3]要炮[4]，
老头儿要毡帽，
老太太要高冠子，
小媳妇儿要纂圈子。

【注释】①糖瓜儿：一种球形麦芽糖。旧时农历腊月二十三祭灶时用作供品。今腊月京城仍有售。②祭灶：农历腊月二十三日送灶神上天。③小子（xiǎozi）：男孩儿。④炮：鞭炮，炮仗。

【简析】此歌谣是说，过新年时，不同性别、不同年龄段的人要家里人给买的东西也不相同。

桃 花 儿 开

桃花儿开，杏花儿谢，
谁管梨花儿叫姐姐？

【简析】此歌谣在告诉孩子，春天里桃树、杏树、梨树三种果树开花时间的先后。

桃树叶儿尖

桃树叶儿尖，荷花叶儿圆，
栀子开花儿唤牡丹，
仙人掌手拿三棱儿草，
淑气花儿开挨了一顿霸王鞭[1]。

（选自《北平歌谣》Ⅱ）

【注释】①霸王鞭：表演民间舞蹈所用的彩色短棍。

剃头打三光

剃头打三光，
不长虱子不长疮。

剃头的（二首）

一

剃头的，打辫子，
人家坐着他站着。
剃头的，怎么喊？
叮当叮当打唤头[1]。

二

剃头的，手艺高，
不用剪子不用刀，
一根一根往下薅[2]，
疼得小二叫姥姥。

【注释】①唤头（huàntou）：走街串巷的小贩或手艺人用来告知人们自己到来的响器。②薅（hào）：扽揪。

剔灯棍儿

剔灯棍儿，打灯台，
爷爷娶了个后奶奶[1]。
脚又大，嘴又歪，
气得爷爷光发呆。
“奶奶奶奶您先去，
爷爷好了您再来！”

爷爷也好了，
奶奶也跑了。

【注释】①后奶奶：继祖母。

天　河

天河出叉儿，夹裤马褂儿。
天河掉角儿[①]，棉裤棉袄儿。

【注释】①掉角儿：从正南正北方向转移成对角方向。
【简析】这是一首通过观察天象的变化知道季节变化的歌谣。

天　棚

天棚[①]，鱼缸，石榴树；
先生，肥狗，胖丫头[②]。

【注释】①天棚：夏天在院子里搭的席棚或布棚，以使院子凉爽。②胖丫头（pàngyātou）：这里指婢女。

【简析】这首歌谣反映的是旧时京城殷实之家四合院里的典型场景。

天上星多月不明

天上星多月不明，
地下人多心不平。
清官难断家务事，
砍的不如旋的圆。

天上星星十二行

天上星星十二行，
大姐回家哭一场。
我问大姐哭什么？
大姐说：
“娘家没陪送好衣裳。
大哥陪送我的花洋绉，
二歌陪送我的鸭蛋青，
三哥陪送我的胭脂粉，
四哥不像娘家人。
大嫂子教过我针线多，
二嫂子教过我绣绫罗，
三嫂子教过我拉、扎、扣[①]，
四嫂子教过我骂公婆，
公婆一回没骂了，
忽雷闪电了不得！”

【注释】①拉、扎、扣：女红中的几种技能。

挑水的哥

挑水的哥，
听我说：
“南河沿儿，
有你的窝，
晴天出来晒盖子，
阴天出来把脖儿缩。”

【简析】这首儿歌说挑水夫是王八，表现了儿童的顽皮。

铁蚕豆

铁蚕豆，大把儿抓，
娶了媳妇儿不要妈。
要妈就耍叉[1]，
耍叉就分家。

【注释】①耍叉：比喻捣乱，寻衅滋事（多用于某家的媳妇儿）。

【简析】意思同“麻鸦雀”儿歌。

听诊器

听诊器[1]，方向盘[2]，
人事干部，营业员。

【注释】①听诊器：此处代指医生职业。②方向盘：此处代指司机职业。

【简析】此歌谣产生于20世纪70年代。当时医院医生、汽车司机、人事干部、商店营业员都是比较令人艳羡的职业，既自己谋私方便，又经常有人请托。

同治爷（二首）

一

同治爷[1]，是小鬼儿，
正宫娘娘[2]吃凉粉儿。

二

同治爷，要翻梢[3]，
罗锅儿直了腰。

【注释】①同治爷：百姓对清同治皇帝的尊称。同治，清穆宗（爱新觉罗·载淳）年号（1862—1874）。②正宫娘娘：指皇后。③翻梢：指在赌博中由输的局面转为赢的局面，泛指局面由不好转好。

偷瓜摸茄子

偷瓜摸[1]茄子不算贼，
逮[2]住挨顿王八捶[3]；
头里[4]爷爷跑，
后头孙子追。

【注释】①摸（māo）：意同“偷”。②逮：捉。③捶：用拳头打。④头里：前面。

【简析】这是顽皮的男孩儿偷别家瓜吃被发现逃跑时所唱的歌谣。旧时习俗认为，男孩儿淘气是正常现象，偷吃别家瓜果不算什么，被发现连喊带骂吓唬跑了拉倒。

偷 人 家 针

偷人家针，摸人家线，
长个针眼[1]让人家看；

偷人家猫，摸人家狗，
长个针眼让人家瞅[2]。

【注释】①针眼：睑腺炎的通称。②瞅：看。

【简析】这是跟患睑腺炎的同伴开玩笑的歌谣。

头戴洋草帽儿

头戴洋草帽儿，身穿竹布衫，
不会说洋话①，光会说个“难卜儿湾”②。

（选自《北京的歌谣》）

【注释】①洋话：外国话（含贬义）。②难卜儿湾：英语“number one”的音译。意为一号或第一。

【简析】此歌谣讽刺1949年前为外国企业监工的中国人的洋奴相。

头顶马聚源

头顶马聚源①，
脚踩内联升②，
身穿八大祥③，
腰缠四大恒④。

【注释】①马聚源：京城的一家著名帽店。开业于1817年，店址在前门外鲜鱼口。②内联升：京城的一家著名鞋店。开业于1853年，店址最早在东交民巷，后迁到前门外廊房头条，1949年后迁至大栅栏。清代时专门制售朝靴，民国后改为制售千层底布鞋至今。③八大祥：旧时北京著名的八家绸布店，店名都带一个“祥”字。它们分别是瑞蚨祥、瑞林祥、瑞生祥、瑞成祥、谦祥益、意和祥、东升祥、丽丰祥，多数开业于前门一带。④四大恒：位于东四牌楼附近的恒利、恒和、恒兴、恒源四家联号钱庄。

【简析】这首歌谣说的是旧时京城鞋帽、绸布、金融的名店。当时，如果日常穿戴用都是它们的服务，那就是既时髦又阔气了。

秃光光

秃光光，照亮儿，
气死①美国电棒儿②。

【注释】①气死：堪与……相比。②电棒儿：手电筒。

【简析】这是男童跟秃头顶伙伴儿开玩笑的歌谣。

秃子秃（二首）

一

秃子秃，上脑箍①，
箍②出油来炸豆腐。
你一块儿，我一块儿，
馋得秃子没有小辫儿。

二

秃子秃，上脑箍，
箍出油来炸豆腐。

你一碗，我一碗，
馋得秃子干[3]瞪眼。
你一块儿，我一块儿，
馋得秃子上河沿儿。
你一勺儿，我一勺儿，
馋得秃子没有毛儿。
你一匙儿[4]，我一匙儿，
馋得秃子找不着门儿。

【注释】①脑箍：紧紧套在头上的带状物。②箍：用带状物扎紧。③干（gān）：白，徒然。④匙儿：羹匙儿。

W

豌 豆 花

豌豆花，蚕豆花，
今朝妹子嫁人家。
娘哭她是我穿针女，
爹哭她是我一枝花，
哥哥说她是个赔钱货，
嫂嫂骂她是个惹事精：
惹得猫儿不拿鼠，
惹得狗儿不看家，
惹得桃树不结果，
惹得李树不开花。

（选自《北平歌谣》I）

王 家 女

王家女[①]，李家郎[②]，
长大了，配凤凰[③]，

吹吹打打入洞房。
三朝[④]后，拜公婆。
公公说："好儿媳。"
婆婆说："悍婆娘[⑤]！"
公公说："好好过。"
婆婆说："坏事多！"
"悍婆不在你家住，
坏事不在你家做，
请公婆一刻别耽搁，
写张休书休了我！"

【注释】①女：女儿。②郎：儿子。③配凤凰：比喻结为夫妻。④三朝（sānzhāo）：三天。⑤悍婆娘：凶悍蛮横的媳妇儿。

我的儿

我的儿，我的姣[①]，
三年不见长得这么高！
骑着我的马，拿着我的刀，
扛着我的案板卖切糕。

（选自《北平歌谣》Ⅱ）

【注释】①姣：貌美。此处意为帅小伙儿。

我哥哥有钱盖洋楼

我哥哥有钱盖洋楼，
盖在正阳门外桥头。
楼上挂着金匾，
写着专卖窝窝头，
豆儿稀饭咸菜就着。

【简析】又是洋楼又是金匾，又是在北京最繁华的地方开店，卖的却是餐饮业中最低档的饭菜——窝头、豆儿稀饭、咸菜，着实让人觉得滑稽。

我家有个胖娃娃

我家有个胖娃娃，
不吃饭，不喝茶，
整天价①吃妈妈②。
头戴小缨帽，
身穿粉红纱，
……（以下失记）

【注释】①整天价：经常，总是。②妈妈：乳房。此处指乳汁。

我是老爷

我是老爷，你是兵。
你是兔子，我是鹰。
你在高粱地，
我在半空中。
一听我铃铛响，
你就钻窟窿。

我是一块冰

我是一块冰，
吃了肚子疼。
先拉稀，后拉脓，
屁股眼儿[①]招苍蝇。

【注释】①屁股眼儿（pìguyǎnr）：肛门。

【简析】此儿歌流行于20世纪六七十年代，当时正流行唱《我是一个兵》，此歌谣为顽童仿此歌曲所唱。

乌木桌

乌木桌，放一张，
张飞[①]设宴请霸王[②]。

尉迟恭[③]上边坐，
旁边坐着王有章[④]。
左边孟良和焦赞[⑤]，
右边老包[⑥]和姚刚[⑦]。
敬德[⑧]提壶忙把盏，
端盘子老妈儿杨七郎[⑨]。

【注释】①张飞（？—221）：三国时期蜀汉名将。②霸王：此处指西楚霸王，即项羽（前233—前202）。③尉迟恭（585—658）：唐初名将。④王有章：小说《施公案》中的一个人物。⑤焦赞：杨家将故事中的一个人物。⑥老包：民间对包拯的称呼。⑦姚刚：东汉刘秀时期姚期之子，出现于《姚刚征南》传统本戏中。⑧敬德：即尉迟恭，字敬德。⑨杨七郎：杨家将故事中的一个人物。

【简析】此首歌谣所提到的人，均系演义书中所说的黑脸者（正面人物）。

五 色 旗

五色旗[①]，没有边；
袁世凯，坐几天。

【注释】①五色旗：1912—1927年间中华民国国旗。由红黄蓝白黑五种颜色横列组成，代表汉满蒙回藏五族共和。

【简析】此歌谣产生于1916年6月袁世凯死后。袁世凯1915年12月宣布将改国号为洪宪，实行帝制。1916年3月，被迫宣布取消帝制，袁世凯只坐了83天皇帝。所以说“袁世凯，坐几天”。

五 月 五

五月五，是端阳。
门插艾，香满堂；
吃粽子，蘸白糖；
赛起龙舟喜洋洋。

【简析】这一首短小的歌谣把五月初五端阳节门上插艾、吃粽子、赛龙舟等主要习俗都表现了出来。

X

稀里哗啦跳锁来

稀里哗啦跳锁来！

A：什么锁？　　B：金钢打的黄花锁。

A：怎么开？　　B：笤帚疙瘩钥匙开。

A：开不开！　　B：铁棍儿打！

A：打不开！　　B：石头撞！

A：撞不开！

稀里哗啦开城来！

【简析】这是儿童手牵手做钻城门游戏时所唱的歌谣。

喜鹊哥哥

喜鹊哥哥尾巴长，
偷柴偷米嫁姑娘。
姑娘死在黄泉路[①]，
摇摇摆摆哭一场。

【注释】①黄泉路：通往阴间的路。

喜鹊叫得好

喜鹊叫得好，
爸爸进财宝。
妈妈生弟弟，
哥哥娶嫂嫂。
新嫂嫂，好嫂嫂，
给我一个扳不倒儿[①]。

【注释】①扳不倒儿：不倒翁。

喜　　儿

喜儿，喜儿，
卖凉粉儿，
砸了罐子，
赔了本儿。

细 发 土

细发[1]土，细发面，
小孩儿吃了长小辫；
姑娘吃了会做活[2]，
小子吃了不闹磨[3]。

【注释】①细发（xìfa）：指粉状物中无颗粒。②会做活：指会做针线活。③闹磨（nàomó）：指幼儿哭闹不休缠磨大人。

下雨嘞（二首）

一

下雨嘞，哗啦啦，
小孩子，想他妈。
孩子，孩子，你别哭！
妈虎子[1]来了我打它！

二

下雨嘞，冒泡儿，
王八戴着草帽儿！

【注释】①妈虎子：一种虚构的可怕动物。妇女用来吓唬婴幼儿，使其停止哭闹或赶快入睡。

【简析】这首歌谣的第二首是顽皮的男童在下雨时看见戴草帽儿的人所喊的歌谣。

先说地，后说天

先说地，后说天；
说完了北山，说南山；
说完了石鼓[①]，说旗杆；
说完了影壁，说地砖；
………

【注释】①石鼓：门墩儿。

【简析】这是有关北京人聊天儿的顺口溜，有一百多句之长。意思是说人们无事闲聊时，天上地下，眼前身边，什么都可以是话题，不愁没有话说。反映了旧时北京人悠闲、慢节奏的生活状态。

先赢后不得

先赢后不得[①]，
末后了儿[②]闹个大噘嘴。

【注释】①得（děi）：舒服。②末后了儿：最后。

【简析】此为儿童游戏歌谣，是对一开局就赢者说的。意思是，先赢的常常后输，最后闹个大沮丧的结局。

闲来无事

闲来无事出城去，
碰见两个蛐蛐儿吹牛气。
一个说，
明天我吃一棵大柳树；
一个说，
明天我吃一头大叫驴①。
两个正在吹牛气，
解南来了只大斗鸡。
两个一见生了气，
瞪瞪眼睛捋②捋须。
双双齐奔斗鸡去，
急想把斗鸡吃肚里。
没承想③斗鸡一张嘴，
两个小命儿归了西④。

【注释】①叫驴：雄性驴。②捋（lǚ）：用手指顺着线状物按一个方向滑动，使其顺溜。③承想：想到（多用于否定形式）。④归西：上西天（死亡）。

香炉儿

香炉儿，瓦灯台，
爷爷娶了个后奶奶。
不梳头，不做活，

嘴馋手懒净爱喝[①]。
爷爷没法儿治[②]，
气得净哆嗦。
说："我打你这个拙老婆！"

【注释】①喝：此处指喝酒。②没法儿治：没有办法对付。

香香窝儿

香香窝儿，辣辣罐儿，
苦苦荬儿[①]，莴苣[②]菜儿，
猪肉片儿，好大块儿；
羊肉打卤过水面儿，
不吃，不吃，两碗半儿。

【注释】①苦荬儿（kǔmáir）：一种野菜，味道很苦，猪喜食。②莴苣：一种常见的蔬菜。

想生气

想生气，看足球；
想遭罪[①]，去旅游。

【注释】①遭罪：受罪。

【简析】中国国家足球队男队，几十年来成绩一直欠佳，屡战屡败，广大球迷及足球爱好者经常边看足球比赛边生气；中国旅游景点，一到节假日经常人满为患，使人产生旅游受罪的感觉。所以产生了此歌谣。

想 中 央

想中央[①]，盼中央，
中央来了更遭殃。

【注释】①中央：指中央军，正式名称叫国民革命军，简称国军。代指国民党政权。

【简析】此歌谣产生于1945年抗日战争胜利后。日本战败投降，国民党恢复了统治，老百姓本来想这样生活就可以好起来了，没想到盼来的却是官员贪污腐败，市面物价飞涨，民不聊生。所以产生了此歌谣。

削竹棍儿（二首）

一

削竹棍儿，打桑葚儿[①]，
姐夫寻了个小姨子儿。
关上门儿，盖上被[②]儿，
左思右想不是味儿。

管他是味儿不是味儿，
黑夜里躺着不受罪儿。

二

削竹棍儿，打桑葚儿，
十五岁，做媳妇儿。
公也打，婆也骂：
“跳到河里死了吧！”
捞上来，已断气，
娘家知道怎能依[3]？
公公跪到灵头里，
女婿跪到灵后头，
哭一声：
“我的妇，我的妻！
刷锅洗碗是你的[4]！”

【注释】①桑葚儿（sāngrènr）：桑树的果实。②被：被子。③依：饶恕。④你的：你的活儿。

小巴狗儿（三首）

一

小巴狗儿[1]，带铃铛，
稀里哗楞[2]到集上。
买个桃，桃有毛，
买个杏，杏又酸，

买个沙果儿面蛋蛋[3]。

二

小巴狗儿，上南山，
拾大米，捞干饭[4]，
爹一碗，妈一碗，
气得巴狗儿白瞪[5]眼。

（选自《北京的歌谣》）

三

小巴狗儿，跳南濠[6]，
又没尾巴又没毛。
有人来到它不叫，
芦苇塘里满处跑。

（选自《北平歌谣》Ⅱ）

【注释】①巴狗儿：哈巴狗。②稀里哗楞：拟声词。形容金属器物如铃铛、铁链等的响声。③面蛋蛋（miàndāndān）：形容食物绵软而令人生厌。④捞干饭：将米煮熟后，用笊篱捞出来吃的饭。⑤白瞪（báideng）：用眼瞟瞪（因这时露的眼白比较多），是不同意、不满意的表示。⑥濠：护城河。

小白菜儿

小白菜儿，地里黄，
七岁八岁没有娘。
好好跟着爹爹过，
就怕爹爹娶后娘。
娶了后娘三年整，
生了个弟弟比我强。
弟弟花钱如流水，
我想花钱难上难。
弟弟上学去念书，
我在家里去放猪。
弟弟吃面我喝汤，
端起碗来泪汪汪。
河里开花河里落①，
谁想亲娘谁知道。
亲娘想我一阵风，
我想亲娘在梦中。
想亲娘，想亲娘，
白天听见蝈蝈儿叫，
夜里听见山水流；
有心要跟山水去，
又怕山水不回头。

【注释】①落（lào）：凋落。

【简析】在华北地区，儿歌《小白菜》流行甚广，反映了旧时继母对继子女虐待的普遍社会现象。各地流行的歌词略有不同，本首选取的是内容最完整的一首。

小　白　鸡

小白鸡，上柴火垛
没娘的孩儿怎么过?
跟猫睡，猫抓我；
跟狗睡，狗咬我。
娶个花花娘搂搂我。

小白兔（二首）

一

小白兔，白又白，
两只耳朵竖起来，
爱吃萝卜爱吃菜，
蹦蹦跳跳真可爱。

二

小白兔，去赶集，
买个辣椒当鸭儿梨。
咬一口，怪辣的，
下次不买带把的。

小板凳儿

小板凳儿，三条腿儿，
我给奶奶嗑瓜子儿。
奶奶嫌我脏，
我给奶奶煮面汤。
面汤不搁油，
我给奶奶磕仨头。

小辫儿刘

小辫儿刘，蒸窝头①。
半拉②生，半拉熟；
熬白菜，不搁油，
吐口吐沫当香油。
爸爸给他两砖头。

【注释】①窝头：用玉米面做的食物。先把和好的面捏成圆锥状，下面有眼儿，然后蒸熟食用。②半拉（bànlǎ）：数量词。半个。

小葱儿韭菜

小葱儿韭菜，
人吃狗卖！

【简析】这是顽皮的男童听见挑挑儿卖小葱儿、韭菜者叫卖时喊的歌谣。

小葱儿蘸酱儿

小葱儿，蘸酱儿，
他妈养活个双棒儿[①]。
双棒儿，会走嘞，
他妈肚子里又有嘞！

【注释】①双棒儿：此处指双胞胎。

小大姐儿（三首）

一

小大姐儿，才十八，
满脸的锔子[①]大疤瘌。
桃花儿粉，任意儿搽，
胭脂抹得血丝糊拉[②]。
梳着一个苏州纂儿[③]，

鬓角儿斜插一枝花。
金莲[④]多么大?
横量二寸八。

(选自《北平歌谣》Ⅰ)

二

小大姐儿,刚十六,
红袖子大袄绿挽袖。
婆婆看见就要娶,
公公看见下大礼[⑤]。
下的大礼四角方,
大马拴在墙头儿上,
小马儿拴在庙门儿上,
鞭子挂在花枝儿上。
庙门对庙门儿,
单娶一个小俊人儿;
不搽官粉自来俊,
搽上官粉爱死人儿。

三

小大姐儿,将[⑥]十八,
手里拿着小鞋底儿,
胳膊挎着一缕麻。
解那边儿来个老太太,
怀里抱着胖娃娃。
叫声大姐你听着:
"你给点儿奶水儿[⑦]奶奶他,
等他大了拜你做干妈!"

叫声老婆子你听着：
“你的双眼瞎，
不知道干爹在谁家！”

【注释】①锔子（jūzi）：用铁或铜打成的、扁平的，用来连接锅的裂缝、破损陶瓷器物的两脚钉。②血丝糊拉（xiěsihūlā）：血淋淋的样子。③苏州纂儿：也叫苏州撅。旧时妇女梳在头后边的一种发髻。④金莲：旧时指缠足妇女的小脚。⑤下大礼：为订婚或迎娶，男方向女方送上礼物。⑥将：将要。⑦奶：用奶水儿喂。

【简析】这首歌谣的第三首叫人家大姑娘给奶奶孩子，不挨骂才怪！

小大姐小二姐

小大姐，小二姐，
你拉风箱我打铁[①]。
挣了钱，腰里掖，
买个蒲包儿瞧[②]干爹。
干爹戴着红缨儿帽，
干妈穿着木底儿鞋。
走一步，咯噔噔，
时兴裤腿儿鸭蛋青。

【注释】①打铁：为别人打造铁制农具挣钱。②瞧：看望。

小　二　哥

小二哥，吃饭多，
人来了，盖上锅；
人走了，打老婆；
打得老婆上窗户。
窗户没磴儿，
打得老婆照镜儿。
镜儿没底儿，
打得老婆唱曲儿。
曲儿没头儿，
打得老婆耍猴儿[①]。
耍猴儿没圈儿；
打得老婆蹿[②]天儿。

【注释】①耍猴儿：比喻无端地寻衅吵闹（多用于家庭中的少妇）。②蹿（zuān）：向上或向前冲。

小纺车儿

小纺车儿，哗啦啦，
婆婆死了成当家[①]。

【注释】①当家：当家的人。

—X—

小姑娘（三首）

一

小姑娘，十几嘞？
婆婆家，要娶嘞！
一对龙，一对凤，
金瓜钺斧朝天镫。
锭儿粉，棒儿香，
棉花胭脂二百张。
虎皮椅子，象牙床，
大红绣鞋堆满箱。

（选自《北平歌谣》Ⅱ）

二

小姑娘，十几嘞？
婆婆家，要娶嘞！
一对龙，一对凤，
金瓜钺斧朝天镫。
胭脂粉，棒儿香，
虎皮椅子，象牙床。
叫[①]木匠，盖楼房，
叫厨子，宰[②]牛羊，
叫裁缝，做衣裳。

三

小姑娘，做一梦，
梦见婆家来下定[③]：
真金条，裹金条[④]，

扎花儿裙子，绣花儿袄。

【注释】①叫：雇用。②宰：杀。③下定：旧俗订婚时男方给女方下聘礼。④裹金条：表面包金，里边是其他金属的假金条。

小鼓儿

小鼓儿，圆上圆，
我妈打我真可怜。
我是我妈浮心草，
在家待几年？
人家地土我扫光，
人家佛爷[①]我烧香，
人家妈妈我叫娘。
她妈问她说什么？
她说："锅开豆儿烂，煮好吃饭。"

【注释】①佛爷（fóye）：信奉佛教者所供奉的佛神。

小孩儿（四首）

一

小孩儿，小孩儿，
抱花篮儿。

我给你买糖，
哄着你玩儿。

二

小孩儿，小孩儿，
你别馋[①]！
过了腊八儿就是年。
腊八儿粥，喝几天，
哩哩啦啦[②]二十三。
二十三，糖瓜儿粘；
二十四，扫房子；
二十五，磨豆腐；
二十六，去割肉；
二十七，宰公鸡；
二十八，把面儿发；
二十九，蒸馒首；
三十夜里熬一宿[③]；
大年初一扭一扭[④]。

三

小孩儿，小孩儿，
你别哭！
过了腊八儿就宰猪；
小孩儿，小孩儿，
你别馋！
过了腊八儿就是年。

四

小孩儿，小孩儿，
咱俩人玩儿。
踢球打尜儿[5]，逛二闸儿。
吃你的饭，喝我的茶儿，
问你攻尜儿不攻尜儿？

（选自《北京的歌谣》）

【注释】①馋：总想吃好吃的食物。②哩哩啦啦：形容接续不断。③熬一宿：旧时除夕夜有整夜不睡觉守夜的习俗。④扭一扭：此处指给亲朋邻里去拜年。⑤尜儿（gár）：也叫尜尜儿。一种男童游戏玩具。木制，两头儿尖，中间大，像枣儿形，玩时用木棍敲击。

【简析】第一首歌谣是说，旧时生活水平低下，平民百姓日常吃得很差，平民百姓家的孩子就盼过年过节能够吃点儿好饭食。所以有此歌谣。

小孩儿他妈

小孩儿他妈，腌拉巴臜[1]。
洗脚水，熬倭瓜。
干咸菜，大把儿抓。
糠窝头，吃十仨。
被窝儿里吃，被窝儿里拉[2]，
被窝儿里放屁，赛个喇叭。

【注释】①腌拉巴臜（ālabāzā）：肮脏，不洁净的样子。②拉：排泄（大便）。

小耗子儿（七首）

一

小耗子[①]儿，上灯台，
偷油儿吃，下不来。
叽里咕噜滚下来，
叽里哇啦叫奶奶。

二

小耗子儿，上灯台，
偷油儿吃，下不来。
叫奶奶，抱猫来。
撮呼[②]跑了，踩着奶奶脚了。

三

小耗子儿，上灯台，
偷油儿吃，下不来。
咪咪咪！猫来了，
看你下来不下来！

四

小耗子儿，上灯台，
偷油儿吃，下不来。

吱[3]吱吱叫奶奶，
奶奶买个饽饽哄下来。

五

小耗子儿，上缸沿儿。
拿小瓢儿，扢[4]白面。
烙白饼，卷瓜菜；
不吃不吃，吃两块。

六

小耗子儿，上缸沿儿，
拿小瓢儿，舀白面儿[5]，
要请干妈吃顿饭儿。
烙薄饼，炒合菜[6]儿，
不吃饱了，不撂筷儿。
吃饱了，就滚蛋儿。

七

小耗子儿，上谷穗儿，
摔下来，没有气儿。
大耗子哭，小耗子叫，
一群蛤蟆来吊孝[7]，
咕儿呱，咕儿呱，好热闹！

【注释】①耗子：老鼠。②撮呼(cuōhu)：呼喊吓唬。③吱(zī)：老鼠的叫声。④扢：舀。⑤白面儿：这里指面粉，并非指海洛因。面粉义的“白面”不能儿化，这里因是儿语而儿化。⑥合菜：几种蔬菜在一起炒出的菜肴。⑦吊孝：到丧家去祭奠死者。

小 红 孩 儿

小红孩儿，戴红帽儿，
四个秏子抬红轿儿。
花猫打灯笼，
黄狗来喝道。
一喝喝到城隍庙[①]，
把个城隍老爷吓一跳。

【注释】①城隍庙：道教庙宇，供奉城隍（剪恶除凶、护国保都之神）。

小鸡儿（二首）

一

小鸡儿，
嘎[①]嘎嘎，
爱吃黄瓜。
黄瓜留种[②]，
爱吃油饼。
油饼喷儿香[③]，
爱吃片儿汤[④]。
片儿汤稀烂[⑤]，
爱吃鸡蛋。
鸡蛋糊[⑥]嘴，
爱吃鹿腿。

鹿腿有毛，
爱吃鲜桃。
鲜桃有核儿[⑦]，
爱吃牛犊儿。
牛犊儿瞪眼儿，
爱吃花卷儿。
花卷儿乱哆嗦，
爱吃大糖饽饽。

二

小鸡儿，喔喔[⑧]叫，
三姑爷[⑨]，又来到。
杀公鸡，剁草鸡[⑩]，
三条黄瓜是好的。

【注释】①嘎（gā）：鸡叫声。②种（zhǒng）：种子。③喷儿香：非常香（多用于饭菜）。④片儿汤：一种面食。将和好了的面擀成薄片，再切成带状，煮熟后连汤吃。⑤稀烂：非常烂。⑥糊（hū）：粘。⑦核儿（húr）：义同"核儿（hér）"。⑧喔喔：鸡叫声。⑨姑爷：女婿。⑩草鸡：母鸡。

小剪子儿

小剪子儿，剪花布，
一剪剪条红花裤。
红花裤，上红花，

穿上红裤去姥姥家。
姥姥家里变了样，
草房变成了大瓦房。
姥姥见我笑哈哈，
说我美得像朵花。

小脚儿娘

小脚儿娘，
爱吃糖。
没钱儿买，
扳着小脚儿哭一场。

（选自《北平歌谣》Ⅱ）

小金妲

小金妲[①]，骑金马，
金马不走金鞭打。
玻璃井，金蛤蟆；
梧桐树，金老鸹[②]。
开了庙门儿金菩萨[③]，
金手戴着个金娃娃。

（选自《北平歌谣》Ⅱ）

【注释】①妲（dá）：女人名字用字。②老鸹（lǎogua）：乌鸦。③菩萨：神佛。

小九九儿

小九九儿[1]不用打，
上儿俩，底下俩。

【注释】①小九九儿：乘法口诀。从 1×1 得多少，到 9×9 得多少。

【简析】珠算九九口诀打完以后，得数为 1155，在算盘上正好是上边儿两个子儿，下边儿两个子儿（算盘横梁上的一个子儿代表 5）。

小柳树儿

小柳树儿，满地栽。
金花儿谢，银花儿开。

小 麻 鸡

小麻鸡，满身黄，
哪个闺女不想娘？
想起娘来无主张[①]，
关起门儿来哭一场。

（选自《北京的歌谣》）

【注释】①主张：主意，办法。

小 猫 儿

小猫儿，小猫儿，
上树够桃儿。
听见狗咬，就往下跑。
掉只花鞋，到处乱找。

【简析】这是一幅生动优美的，富于童真和童趣的图画。

小 棉 袄 儿

小棉袄儿，紧靠身儿，
稳坐家中不出门儿。

吃饱了，捡泡[①]粪儿，
逢五排十[②]赶个集儿。
实在没有别的事儿，
去到庙台儿讲古迹儿[③]。
就便[④]是大皇帝，
不如我们庄稼人儿。

【注释】①泡（pāo）：屎尿的量词。②逢五排十：一个赶集的地方，在一个月中每逢初五、十五、二十五和初十、二十、三十有集市，其他日子没有集市，这叫作逢五排十。③讲古迹儿：谈论古代故事。④就便：即使，即便。

【简析】此歌谣反映了旧时农闲时农家生活的自由闲散。

小胖儿哥

小胖儿哥，玩意儿多。
扳不倒儿，婆婆车[①]。
风刮燕儿[②]，一大串儿。
冰糖葫芦儿[③]夹果馅儿。

【注释】①婆婆车：一种玩具。②燕儿：此处指叫沙燕儿的一种风筝。③冰糖葫芦儿：即糖葫芦儿。一种儿童食品。用竹签儿把山楂果或海棠果等穿成一串儿，蘸上熔化的冰糖、白糖或麦芽糖制成。

小 皮 球

小皮球，香蕉梨，马蔺开花儿二十一。
二八二五六，二八二五七，二八二九三十一。
三八三五六，三八三五七，三八三九四十一。
四八四五六，四八四五七，四八四九五十一。
五八五五六，五八五五七，五八五九六十一。
六八六五六，六八六五七，六八六九七十一。
七八七五六，七八七五七，七八七九八十一。
八八八五六，八八八五七，八八八九九十一。
九八九五六，九八九五七，九八九九一百一。

【简析】**此为京城女童跳猴皮筋儿时所唱的歌谣。**

小 秦 椒 儿

小秦椒[①]儿怎么不辣？
我爸爸瞧见我妈就害怕。
跪在地下顶着个灯，
还怕流了油儿摔了蜡[②]。
我妈要洗脚，
我爸往前跑，
脱了袜子还说香，
要是说臭挨嘴巴。
装过袋烟，递过碗茶，
乐得我妈龇着牙[③]。

我爸爸叫了一声孩儿他妈：
“老太太饶了我吧！
再要生气我滚出去，
从今我永远不回家。”

【注释】①秦椒：一种细长的辣椒。②蜡：蜡烛。③龇牙（zīyá）：露出牙齿。形容得意。

小日本儿

小日本儿，人不多，
全仗着飞机坦克车。

【简析】此歌谣产生于1937年。当时日本兵的武器装备比中国军队好很多。

小三儿（四首）

一

小三儿，小三儿，
骑着骡子卖香干儿①。
骡子放一屁，
崩得小三儿二里地。

二

小三儿，小三儿，
上树尖儿；
树尖儿有火炭儿[2]，
烫着小三儿屁股蛋儿。

三

小三儿，小三儿，
什么打扮儿[3]？
青洋绉的裤子，
白布汗衫儿，
雪白的脸蛋儿，
黑松辫儿，
真像他妈的[4]小王八蛋儿。

四

小三儿，小三儿，
偷人家葡萄干儿。
人家在外头骂，
他在家里装憨儿[5]。

【注释】①香干儿：熏制的豆腐干儿。②火炭儿：烧红的木块儿。③打扮儿：打扮出来的样子。④他妈的：骂人的话。此处用于昵骂。⑤装憨儿：装傻。

小三儿他妈

小三儿他妈，顶房柁[①]，
窝眍眼，挺[②]长脖，
穿着一件破衺罗[③]。
窟窿大，补丁多，
浑身的纽子[④]没有两个。
告诉你妈嫁给我吧，
又得[⑤]吃来又得喝。

【注释】①顶房柁：形容个子极高。②挺：很；非常。③衺罗（chǐluó）：一种稀疏的丝织品。④纽子：纽扣儿。⑤得：助动词。用在单音动词前，表示便于。

小 桃 树 儿

小桃树儿，弯弯枝儿，
上头坐着个小闺女儿。
小闺女儿，要吃桃儿，
桃儿有毛；
要吃杏儿，
杏儿酸；
要吃山药面蛋蛋。

小淘气儿

小淘气儿，跳钻钻儿[①]，
脑瓜儿[②]上梳着个小蜡扦儿[③]。
一人学了八宗儿[④]艺，
撞钟、踢球，外带[⑤]打尜儿。

【注释】①跳钻钻儿：形容行动缺乏沉稳劲儿。②脑瓜儿：脑袋。③蜡扦儿：插蜡烛的室内器物。此处指上挺的小辫儿。④八宗儿：形容很多种。⑤外带：再加上。

小秃儿（四首）

一

小秃儿，本姓吴。
他爹说他臭鸡蛋，
他妈说他珍珠玛瑙鼻烟壶。
他爹说："拿去当！"
他妈说："没钱赎[①]。"

二

小秃儿，咧咧咧[②]，
南边儿打鼓的是你爹。
你爹戴着红缨帽，
你妈穿着参板儿鞋[③]；
走一步，趿拉拉，

十个脚趾露着仨。

三

小秃儿，咧咧咧，
南边儿打鼓的是你爹。
你爹戴着红毡帽，
你妈穿着厚底儿鞋；
走一步，咯噔噔，
时兴裤腿儿鸭蛋青。

四

小秃儿，上庙台儿，
栽了个秃跟头，
捡了个秃小钱儿，
买了个秃饽饽。
秃子吃，秃子看，
秃子打架秃子劝。
秃子去告状，
一告告到秃衙门。
秃衙门，秃板子，
单打秃子的屁股蛋子④。

【注释】①赎：将抵押品用钱物换回。②咧咧咧：哭声。③爹板儿鞋：帮底多处裂开的鞋。④屁股蛋子：臀部的两块凸出部分。

小五儿小六儿（二首）

一

小五儿，小六儿，
鼻丁嘎巴①炒豆儿。
你一碗儿，我一碗儿，
气得二秃子白瞪眼儿。

二

小五儿，小六儿，
俩人一起炒豆儿。
小五儿爱上高儿，
一爬爬到柳树梢儿。
柳树梢儿，枝儿软，
摔得小五儿翻白眼②。
小六儿，真淘气，
戴上胡子学唱戏。
唱干嗓子喝热汤，
烫得他直③叫娘。

【注释】①鼻丁嘎巴：干鼻屎。②翻白眼：此处指昏晕过去。③直：一个劲儿地。

小媳妇儿

小媳妇儿，梳嫣头[①]，
扭过脸儿来我瞅瞅！

【注释】①嫣头（yāntóu）：漂亮的发型。

【简析】这是街上走过年轻漂亮的少妇时顽皮男童所唱的歌谣。

小小孩儿

小小孩儿，上南洼，
刨个坑儿种西瓜。
先长叶儿，后开花，
结个西瓜给爹妈。
爹吃了好，妈吃了好，
乐得孩子噔噔[①]跳。

（选自《北京的歌谣》）

【注释】①噔噔：跑跳时脚落地的声音。

小小子儿（六首）

一

小小子儿，到南洼，
刨个坑儿种西瓜。
先长叶，后开花，
叶儿绿，花儿黄，
结个西瓜给爹娘。
爹吃着好，娘吃着好，
乐得小小子儿噔噔跳。

二

小小子儿，拾柴火儿，
一拾拾个小甜瓜儿。
爹咬一口，妈咬一口，
一下儿咬了孩子手。
孩子，孩子，你别哭！
赶明儿[①]给你买个大母呼[②]，
白天拿着玩儿，
夜里打老虎。

三

小小子儿，胖咕囵墩[③]儿，
胳膊上戴着个金镯子儿；
身穿红兜肚绿裤子儿；
脑袋瓜儿梳着个歪毛儿[④]。
一笑俩酒窝儿，

一走一哆嗦儿，
拉着姐姐咱们买果子[5]儿。

四

小小子儿，有意思儿，
开开老爷龙凤门儿。
搬桌子儿，摆椅子儿，
还有几碟儿干果子儿：
桃子仁儿，杏子仁儿，
圆圆荔枝剥了皮儿。
大红花，插白果儿，
哼，哈，杂养儿。

五

小小子儿，摘棉花儿，
一摘摘了个小甜瓜儿。
他爹说："吃了吧！"
他妈说："留着过个小年下[6]。"

六

小小子儿，坐门墩儿，
哭着喊着要媳妇儿。
要媳妇干吗？
做裤儿做褂儿，
做鞋做袜儿，
点灯儿说话儿，
煽灯儿[7]就伴儿[8]，
清早起来梳小辫儿。

【注释】①赶明儿：过几天。②毋呼：一种大型民族管乐器，吹时发出“毋呼、毋呼”的响声，能传一二里远。③胖咕囵墩（pànggulūndūn）：胖而难看的样子。④歪毛儿：男童留在头一侧的小辫儿。⑤果子：泛指各种水果。⑥年下（niánxia）：年节。⑦煽灯：睡觉前，灭掉照明的油灯。⑧就伴儿：做伴儿。

【简析】这首歌谣的第一首选自1933年5月出版的《儿童白话歌》，为该书的第一首。该书是为对儿童进行品德教育而由儿童教育专家编写的。内容包括孝敬父母，热爱学习，热爱动植物，朴素勤劳等。此首是教育儿童要孝顺父母的，相当富有北京儿歌的特点，本书从该书中仅选此一首。从内容和表现方式上看，是改写于前一首歌谣《小小孩儿》。

小巡捕儿

小巡捕儿，不得劲儿，
出门儿站岗夹黑棍儿。

【简析】民国初年，北京警察持黑色长棍站岗巡逻。

小丫儿

小丫儿，小丫儿，
骑着骡子卖杏干儿。

骡子放了个屁，
崩得小丫儿二里地。
二里地下雹子，
单打小丫儿后脑勺子。

小枣树儿

小枣树儿，弯弯枝，
里头坐着个小姑娘。
十几了？
十八了，
过了年儿该娶了。
爹买盆儿，娘买罐儿，
打发姑娘出了门。
爹也哭，娘也哭，
姑爷过来劝丈母：
“岳母，岳母，你别哭！
铺新床，盖新被，
花花枕头又一对，
八仙桌，配银灯，
小大姐儿配相公。”

新买的铜盆儿

新买的铜盆儿[①]亮堂堂。
新买的小猪儿不爱吃糠。
新娶的媳妇儿不爱吃饭，
眼泪汪汪想她爹娘。
人家都说公婆好，
公婆好死了[②]不如爹娘。

【注释】①铜盆：洗脸盆。旧时洗脸盆是用黄铜或红铜做的，此处亮堂堂的铜盆应该是黄铜盆。②好死了：好到至极。

新年新禧

新年新禧，
阿哥多礼。
赏脸拜年，
我一手白面，
也不能拉[①]你；
钱粮[②]下不来，
也没钱给你；
饽饽包得太少，
也不能留[③]你。

【注释】①拉：旧时有人跪下磕头拜年，主人应该拉其臂表示免礼。②钱粮：薪饷。③留：此处指留吃饭。

新 媳 妇 儿

新媳妇儿，三天香[①]，
过了三天，拿棍儿梆[②]。

【注释】①香：受欢迎，被看重。②梆：击打。

宣统回了朝

宣统[①]回了朝[②]，
秃头[③]要开瓢[④]。
宣统跑了，
秃头好了。

（选自《北平歌谣》Ⅱ）

【注释】①宣统：清朝末代皇帝爱新觉罗·溥仪的年号（1909—1911）。②回了朝：此处指1917年张勋拥戴溥仪登基，恢复清制。③秃头：此处指剪下辫子者。④开瓢：将头打破。此处指杀头或枪毙。

【简析】清代，男子留辫子。辛亥革命成功以后，当局让人们把辫子剪掉。所以有此歌谣。

学好数理化

学好数理化，
不如有个好爸爸[①]。

【注释】①好爸爸：指爸爸有权或有钱。

【简析】这是近些年从“学好数理化，走遍天下都不怕”产生的歌谣。改革开放以来，随着社会经济的发展，不正之风也愈演愈烈，家长有权有钱，孩子就能找到好工作；家长是普通老百姓，既没权也没钱，就找不到好工作，甚至失业，形成了一种严重的“拼爹”现象。所以产生了此歌谣。

Y

丫　头

丫头[1]丫头快着长，
长大寻个大队长；
穿皮鞋，披大氅[2]，
白面大米往家扛。

【注释】①丫头：女孩儿。②大氅：旧指大衣。

【简析】此歌谣产生于20世纪二三十年代。当时，政局混乱，土匪众多，当官儿的靠士兵乱抢乱夺发不义之财，在穷苦百姓面前显得比较阔气富有。所以产生了此歌谣。

丫头片（二首）

一

丫头片[1]，卖鸡蛋，
吆喝一声就拐弯儿，
三码[2]俩，不打价儿[3]。

二

丫头片，上河沿。
打滑擦[4]，摔屁股蛋。

【注释】①丫头片：即丫头片子。对女孩子的轻视称呼。②三码：三文钱。③打价儿：商人报的价格顾客可以还价儿。④滑擦：滑。

丫 头 丫

丫头丫[1]，会看家。
偷老米[2]，换芝麻。
芝麻细，油炸蜜；
枣儿糕，热火烧，
撑[3]得丫头叫姥姥。
姥姥放个屁，
崩出丫头二里地。
二里地下雹子，
打了丫头后脑勺子。

【注释】①丫头丫：即丫头，因叶韵改称。②老米：陈米。③撑：胃中进食过量，使胃产生了不舒服的感觉。

衙门钱

衙门钱，一蓬烟；
生意钱，六十年；
种地钱，万万年。

【简析】此歌谣意在说钱来得越容易，花出去得越快。

盐打哪儿咸

盐打哪儿咸，
醋打哪儿酸，
砍的不如旋的圆。
热心肠儿红脸汉[1]，
瘦驴重载上高山。
每日开门七件事，
煤米油茶酱醋盐。

（选自《北京的歌谣》）

【注释】①红脸汉：自尊心强，顾脸面的男子。

眼 皮 子 浅

眼皮子浅[1]，屁股沟子深，
逮住人家棉花夹半斤。

【注释】①眼皮子浅：爱小便宜；贪美或贪昧别人的钱物。

燕巴蝠（二首）

一

燕巴蝠[1]，穿花儿鞋，
你是奶奶，我是爷。

二

燕巴蝠，扎[2]花儿鞋，
一扎扎了两半截。

【注释】①燕巴蝠：即蝙蝠。②扎（zhā）：刺绣。

羊

羊、羊，跳花墙[1]，
抓把草，喂你娘。
你娘不在家，

喂你们老哥儿仨。

【注释】①花墙：上段儿砌成镂空花样的砖墙。

羊屉屉蛋儿

羊屉屉蛋儿[①]，用脚搓，
你是弟来我是哥，
打壶酒儿咱俩喝。
喝醉了，打老婆，
吹鼻儿[②]打鼓又娶一个。

【注释】①屉屉蛋儿（bǎbadànr）：粪球儿。②吹鼻儿：吹唢呐。

杨树叶儿（二首）

一

杨树叶儿，哗啦啦，
锅里煮着牛尾巴。
哥一口，嫂一口，
馋得小姑子满街走。

二

杨树叶儿，哗啦啦，
小孩儿睡觉找妈妈。
“孩子，孩子，快睡吧！
妈虎子来了我打它。”

【简析】第二首歌谣是旧时晚上母亲为哄孩子尽快入睡而唱的歌谣。

洋烟卷儿

洋烟卷儿[①]，外国来；
谁抽烟卷儿谁发财。

【注释】①烟卷儿：纸烟。

【简析】此歌谣1948年产生于北京城内。当时抽纸烟算时髦，一般百姓还抽旱烟。

摇摇摇

摇摇摇，摇摇摇，
摇大宝宝砍柴烧。
一会儿砍一捆，
一天砍一挑[①]。

摇摇摇，摇摇摇，
宝宝睡好觉，
醒来笑一笑。

【注释】①挑（tiāo）：挑子。
【简析】这是母亲为哄摇篮里的婴儿快入睡所唱的歌谣。

要 打 草

要打草，社里找。

【简析】此歌谣产生于20世纪50年代初级社时期。当时，由于农业生产合作社成立初期缺乏管理经验，入社的农民集体观念差，劳动不积极，致使多数社里的农田经常杂草丛生变荒，所以产生了此歌谣。

要 说 九

要说九，净说九，
前门楼子九丈九。

要想死得快

要想死得快，就买一脚踹[1]。

【注释】①一脚踹：代指摩托车。因摩托车靠脚踏打火，故名。

【简析】此歌谣产生于20世纪80年代初。改革开放初期，据说北京市自日本进口了八辆摩托车，几年以后买摩托车的八个人因车祸死了四个。所以产生了此歌谣。

一把扇

一把扇，一面青，
一面兔子，一面鹰。
鹰打兔，兔打鹰，
姐妹二人不放松。

两把扇，两面花，
兄弟拿着去姐家。
姐姐见了心欢喜：
“叫声兄弟送我吧！”
“空着手儿怎回家？”

三把扇，古铜钱，
里穿牡丹外花莲。
珍珠玛瑙穿边骨，
二龙戏珠在上边。

四把扇，金镶边，
公公买来儿妇[①]扇。
一扇扇到花园儿里，
左手掐花儿右手扇。

五把扇，六点合，
袖子里头绣白鹅。
绣着南海三滴水，
它在袖里颤哆嗦。

六把扇，红朝北，
花瓣里头蝴蝶飞。
凤凰不由[②]水中过，
单翅双翅乐嘻嘻。

七把扇，七寸长，
二姐扇子丢在大街上。
来往君子捡了去，
嚷嚷一街两巷都打听。

八把扇，八根柴，
苏州买到杭州来。
谁说不是无价宝？
一阵清风扑满怀。

九把扇，水珠梅，
姐夫拿着送小姨。
小姨拿到灯影看；

"人有脸，树有皮，
千万别说我买的！"

十把扇，绣得齐，
我娘打我累吁吁[3]。
十指排开有长短，
水里船桅有高低。

【注释】①儿妇：儿媳妇儿。②由：介词。从。③吁吁（xūxū）：形容急促的出气声。

一出门儿（绕口令二首）

一

一出门儿，走六步，
碰见了六叔和六舅。
好六叔，好六舅，
借给我六斗、六升好绿豆。
收了秋，打了豆，
再还我六叔、六舅六斗、六升好绿豆。

二

一出门儿，走七步，
拾了块鸡皮补皮裤。
是鸡皮，补皮裤，
不是鸡皮不必把皮补皮裤。

一 道 儿 来

一道儿来，一道儿走，
谁在后头谁是狗。

【简析】这是女童嬉戏时所唱的歌谣。唱此歌谣是为了每人都快跑，看谁跑得快。

一道儿两道儿

一道儿，两道儿，
西山有座小庙儿。
小庙儿里，
住着个胡闹儿。
四个小鬼儿吹哨儿，
四个小鬼儿喝道儿，
四个小鬼儿抬轿儿。
跟着胡闹儿，
要他的怀抱儿。
他不给怀抱儿，
就拆他的小庙儿。

（选自《北京的歌谣》）

一斗穷二斗富

一斗[1]穷，二斗富，
三斗四斗开当铺。
五斗六斗磨豆腐，
七斗八斗自来有，
九斗一簸[2]，稳吃稳坐。

【注释】①斗：指纹圈状而没口叫斗。②簸（bò）：指纹非圈状或虽圈状却有开口叫簸箕。

【简析】民间认为，指肚斗比簸箕好。一个人的指肚斗越多，其命运越好。

一二三四五（三首）

一

一二三四五，金木水火土。
大雁来过桥，嘎呱一齐数。

二

一二三四五，上山打老虎，
老虎不吃面，单打王八蛋。

三

一二三四五，上山打老虎，
老虎不吃人，单打杜鲁门[1]。

【注释】①杜鲁门（1884—1972）：曾任美国总统（1945—1953）。

【简析】第三首儿歌产生于20世纪50年代初。时值杜鲁门任美国总统，中美在朝鲜交恶不久。

一二三四五六七

一二三四五六七，
七六五四三二一；
七个孩子来摘果，
七个果子手中提。
他们摘的什么果？
桃子、苹果、柿子、李子、栗子、梨。

一分钱一分货

一分钱，一分货；
十分钱，买不错。

一高中二高工

一高中，二高工[①]，
三铁路[②]，四卫生[③]，
无可奈何上师范[④]，
实在不成去当兵。

【注释】①高工：高级工业技术学校。②铁路：此处指铁路运输学校。③卫生：此处指卫生学校。④师范：此处指中等师范学校。

【简析】此歌谣是20世纪50年代即将初中毕业的学生考虑自己去向出路的歌谣。高中、高工、铁路、卫生、师范、当兵，是当时一般学生头脑中好坏优劣的排序。

一个毽儿

一个毽儿[①]，踢两半儿；
打花鼓儿，卖花线儿；
里踢，外拐，八仙过海[②]；
九十九，一百。

【注释】①毽儿：体育游戏用品，把铜钱用布包上再绑上一些鸡毛而成。比赛时，按照连续高踢而不落地的次数决定输赢。②八仙过海：比喻各自施展本领。

【简析】这是女孩儿踢毽比赛时所唱的儿歌。

一个老头儿（二首）

一

一个老头儿，
戴着帽头儿，
背着筐头儿，
捡个粪头儿。
两口子睡觉靠一头儿。
红被头儿，
绿当头[①]儿，
当间儿[②]放着个小枕头儿。
墙上掉下小砖头儿，
砸了老太太脚趾头儿。

二

一个老头儿，
背着筐头儿，
拿着镐头儿，
跑到地里拾禾茬[③]头儿，
回到家里烧热炕头儿。

【注释】①当头（dàngtou）：缝在被子一端，防止脖子的油泥把被子弄脏的布。②当间儿（dāngjiànr）：中间。③禾茬（hécha）：庄稼秆儿在地面处割下后留下的根部残余。

一个圈儿拧（二首）

一

一个圈儿[①]拧[②]，俩圈儿横[③]，
仨圈儿打架不要命。

二

一个圈儿拧，俩圈儿横，
仨圈儿四圈儿做皇上。

【注释】①圈儿：头顶上头发的旋儿。②拧（nìng）：任性。③横（hèng）：凶暴，不讲理。

一个香炉

一个香炉，俩蜡扦儿，
同治皇帝坐几天儿。

【简析】清同治皇帝在位十二年，后染天花而死，是比较短命的皇帝。所以有此歌谣。

一个小孩儿

一个小孩儿，上庙台儿。
栽个跟头[①]，拾个小钱儿。

又打醋，又打盐儿，
又娶媳妇儿，又过年儿。

【注释】①跟头：走路时身体失去平衡而摔倒的动作。

一个小人儿

一个小人儿，
不大点儿，
身穿蓝布褂儿，
骑着小红马儿。
手拿取灯儿①，
单扎你的小鼻子眼儿。

【注释】①取灯儿：“起灯儿”的音变，旧指火柴。在木条儿、麻秸秆儿的一端蘸上硫黄，在别的火种上引着的叫大取灯儿，通过摩擦引火的叫洋取灯儿。

一个小媳妇儿

一个小媳妇儿长得俊，
梳油头，拉大鬓，
寻个女婿太不称①。
罗锅儿腰，烂眼梢儿，

可叹我小情娇儿，
骂一声王八羔儿。

【注释】①称（chèn）：合适，相宜。

一更鼓里天儿啊

一更[①]鼓里天儿啊，
猫儿拿耗子。
天长嘞，夜短嘞，
耗子大爷[②]起晚嘞！
“耗子大爷在家没有？”
“耗子大爷还没起呢！”

二更鼓里天儿啊，
猫儿拿耗子。
天长嘞，夜短嘞，
耗子大爷起晚嘞！
“耗子大爷在家没有？”
“耗子大爷穿衣服呢！”

三更鼓里天儿啊，
猫儿拿耗子。
天长嘞，夜短嘞，
耗子大爷起晚嘞！
“耗子大爷在家没有？”

“耗子大爷漱口呢！”

四更鼓里天儿啊，
猫儿拿耗子。
天长嘞，夜短嘞，
耗子大爷起晚嘞！
“耗子大爷在家没有？”
“耗子大爷洗脸呢！”

五更鼓里天儿啊，
猫儿拿耗子。
天长嘞，夜短嘞，
耗子大爷起晚嘞！
“耗子大爷在家没有？”
“耗子大爷喝茶呢！”

六更鼓里天儿啊，
猫儿拿耗子。
天长嘞，夜短嘞，
耗子大爷起晚嘞！
“耗子大爷在家没有？”
“耗子大爷吃点心呢！”

七更鼓里天儿啊，
猫儿拿耗子。
天长嘞，夜短嘞，
耗子大爷起晚嘞！
“耗子大爷在家没有？”

"耗子大爷吃饭呢！"

八更鼓里天儿啊，
猫儿拿耗子。
天长嘞，夜短嘞，
耗子大爷起晚嘞！
"耗子大爷在家没有？"
"耗子大爷剔牙呢！"

九更鼓里天儿啊，
猫儿拿耗子。
天长嘞，夜短嘞，
耗子大爷起晚嘞！
"耗子大爷在家没有？"
"耗子大爷抽烟呢！"

十更鼓里天儿啊，
猫儿拿耗子。
天长嘞，夜短嘞，
耗子大爷起晚嘞！
"耗子大爷在家没有？"
"耗子大爷上街遛弯儿③去啦！"

（选自《北京的歌谣》）

【注释】①更（gēng）：旧时一夜分为五更，每更大约两小时。交更时，由巡夜者敲鼓或梆子报更。②大爷（dàyé）：有钱有势，不事劳动，有人伺候，生活无忧的男子。③遛弯儿：散步。

【简析】这是一首儿童游戏时唱的歌谣。若干儿童互相牵手围成圆圈儿，圈外一人做猫，圈里一人做耗子，牵手围圈的人一边唱上面的歌谣，一边向同一方慢慢移动。唱到“耗子大爷上街遛弯儿去啦”时，圈内做耗子的人跑出圈儿去，圈外做猫的人赶快追去捕捉。

一进门儿来喜冲冲

一进门儿来喜冲冲①，
院子里头搭大棚，
洞房屋子把灯点，
新娘一旁泪盈盈②。
新郎一个劲儿地③把她劝：
“你不吃点儿东西我可心疼！”

【注释】①喜冲冲：形容十分高兴的样子。②泪盈盈：形容眼里充满了泪水。③一个劲儿地：不停地。

一九二九（二首）

一

一九、二九，不出手。
三九、四九，冰上走。
五九、六九，沿河看柳。

七九河开，八九雁来。
九九八十一，家里做饭地里吃。

二

一九、二九，不出手。
三九、四九，冰上走。
五九、六九，沿河看柳。
七九河开，八九雁来。
九九加一九，耕牛遍地走。

【简析】冬至节开始数九，每九天为一个九。三九天是一年中最冷的日子，五九以后天气渐暖。九九以后，农民们已经开始在农田里忙于耕种了。

一九至二九

一九至二九，扇子弗[①]离手。
三九二十七，冰水甜如蜜。
四九三十六，拭[②]汗如出浴。
五九四十五，树头秋叶舞。
六九五十四，乘凉弗入寺。
七九六十三，床头寻被单。
八九七十二，思量盖夹被。
九九八十一，家家打炭壑[③]。

（选自2011年6月22日《北京晚报》，纪连海文附）

【注释】①弗（fú）：文言副词，不。②拭：擦。③炭墼（tànjī）：用炭末儿做成的燃料，犹蜂窝煤状。

【简析】这是九九歌。

一老谭

一老谭，
二老袁，
三老虎，
开当铺。
当铺当，
小幺人儿，
去要账！

【简析】这是女孩子比赛弹小陶瓷块儿时所唱的歌谣。

一男一女

一男一女笑嘻嘻，
打南来了个照相机。
咔呗儿①一下儿没照好，
一下儿照了个理发馆。
理发馆，
不用剪子，不用刀，

到了医院就开刀，
原来是个大面包！

【注释】①咔呗儿：拟声词。按动相机快门儿的响声。

【简析】此童谣于20世纪70年代流行于京城。

一年土二年洋（二首）

一

一年土，二年洋，
三年不认爹和娘。

二

一年土，二年洋，
三年手表的确良[①]。

【注释】①的确良：涤纶纺织物。用的确良做的衣服，耐磨、不变形，洗后干得快，是20世纪六七十年代我国的时尚衣料。

【简析】第一首是新中国成立初期产生的歌谣。意在讥讽农村青年来到大城市上学以后，思想、生活作风迅速变化，甚至忘掉父母养育之恩。具体表现为：不再是农村穿着打扮，不再说家乡话，甚至父亲去学校找自己，也跟别人说是老乡找自己等。

第二首是20世纪70年代产生的歌谣，仿老歌谣“一年土，二年洋，三年不认爹和娘”创作。当时，社会上的一些人对高校招收工农兵学员的办法有意见，对工农兵学员看着不顺眼，于是抓住他们入学后在着装打扮方面的变化进行讥讽，认为他

们也不怎么样，不但背叛了劳动人民还忘了本。

一畦萝卜一畦菜

一畦萝卜，一畦菜；
自个儿[①]孩子，自个儿爱。

【注释】①自个儿（zìgěr）：自己。
【简析】这首歌谣意思是说每个人都爱自己的孩子。

一 人 一 马

一人，一马，一杆枪；
好吃，懒做，随大帮。

【简析】1949年以前，当土匪的经常是地痞流氓、好吃懒做者。

一什么一（三首）

一

一什么一？当个巡警[①]不容易。
二什么二？黑夜扛枪白天拿棍儿。

三什么三？提着口袋打[2]房捐[3]。
四什么四？不当巡警就没事[4]。
五什么五？不给[5]房捐带本署。
六什么六？白天黑夜站得好难受。
七什么七？不关警饷[6]干着急。
八什么八？不当巡警就无法。
九什么九？巡警不如看街狗。
十什么十？不当巡警没饭吃。

（选自《北平歌谣》Ⅰ）

二

一什么一？穷得没法儿拉胶皮[7]。
二什么二？就怕车厂子刨[8]车份儿[9]。
三什么三？两三吊钱累一天。
四什么四？巡警见了就发刺[10]。
五什么五？任什么人没有拉车的苦。
六什么六？不拉大兵就挨揍。
七什么七？电车兴了拉谁去？
八什么八？一家大小指着他。
九什么九？不敢当兵去一走。
十什么十？跳井投河有谁知？

三

一什么一，什么人兴[11]的拉胶皮？
二什么二，什么人兴的拄拐棍儿？
三什么三，什么人兴的吸大烟[12]？
四什么四，什么人兴的写大字？

五什么五，什么人兴的卖烟土[13]？
六什么六，什么人兴的抢狗肉？
七什么七，什么人兴的去投机？
八什么八，什么人兴的当丘八？
九什么九，什么人兴的喝烧酒？
十什么十，什么人兴的假钻石？

（选自《北平歌谣》Ⅰ）

【注释】①巡警：旧指警察。②打：收。③捐：旧时税的一种。④没事：没有工作；失业。⑤给：缴纳。⑥关饷：发薪饷。⑦胶皮：有两个胶皮车轮的人力车。⑧刨：扣除。⑨车份儿：旧时指租人力车、三轮车付给车主的租金。今指出租车司机向公司交的月租费。⑩发刺：发出蛮横不讲理的言行。⑪兴：使盛行。⑫大烟：鸦片。⑬烟土：未经熬制的鸦片。

【简析】第一首歌谣是说旧日当巡警的不容易；第二首歌谣是说旧日人力车夫的艰难。

一树红果儿

一树红果儿个个青，
阴天下雨满天星，
三个和尚站四面，
不言不语念真经。

一 呀 二

一呀二，倒打连三棍儿。
花棍儿五，铜钱儿数。
錾[①]锭儿六，银锭儿七，
花花打打两丈一。
两什么两？二马掌。
二什么二？双夹棍儿。
双什么双？虎扛枪。
虎什么虎？牛皮鼓。
牛什么牛？磕郎球。
磕什么磕？燕子窝。
燕什么燕？扯花线。
扯什么扯？孙膑[②]扯。
孙什么孙？吕洞宾[③]。
吕什么吕？瘸拐儿李[④]。
瘸什么瘸？灶王爷。
灶什么灶？城隍庙。
城什么城？肚儿疼。
肚什么肚？摇葫芦。
摇什么摇？雪花儿飘。
雪什么雪？孙猴儿倒打猪八戒。

【注释】①錾（zàn）：用锤子打錾子的上端凿刻石头或金属。②孙膑：战国时期兵家。③吕洞宾：民间传说中的八仙之一。④瘸拐儿李：民间传说中的八仙之一，即铁拐李。

一阵秋风

一阵秋风一阵凉，
一场白露一场霜。
严霜单打独根草，
蚂蚱死在草根上。

一只蛤蟆

一只蛤蟆一张嘴，
两只眼睛四条腿，
扑通扑通跳下水。

【简析】此歌谣小孩儿可以依次说“两只蛤蟆、三只蛤蟆、四只蛤蟆”等，练习算数。

一抓金儿

一抓金儿，二抓银儿，
三抓不笑是真人儿。

【简析】这是哄小孩儿、抓挠小孩儿身上时所唱的儿歌。

伊悠儿伊，呀悠儿呀

伊悠儿伊，呀悠儿呀，
谁给我们大姐儿说婆家呀？
说的[1]哪儿呀？
说的东头儿老李家呀。
高台阶儿呀，大瓦房啊，
胆瓶[2]胆罐[3]靠北墙啊。
大门外呀，两道岗啊，
洋白面呀，往家扛啊！

【注释】①的：北京地区方言用法，相当于“到”。②胆瓶：作为室内装饰品的大型瓷瓶，多陈设于条案上。③胆罐：作为室内装饰品的大型瓷罐，多陈设于条案上。

【简析】此儿歌描写的是普通百姓心中的理想阔绰之家。

宜入新春

宜入新春，大肚儿囵墩，
一年一个，宝宝成群。

【简析】这是模仿“宜春贴儿”的歌谣。以下两首歌谣同此，本首属对年轻夫妇的玩笑性歌谣。

宜入新年

宜入新年，小孩儿拜年。
跪下磕头，起来要钱。
要钱没有，转脸儿就走。

宜入新正

宜入新正[①]，大家发愣。
得病就死，一个不剩。

【注释】①正（zhēng）：正月。

阴天下雨

阴天下雨地下滑，
自己栽倒自己爬。
亲戚朋友拉一把，
酒换酒来茶换茶。

有个大姐儿

有个大姐儿年十七，
四年不见面儿二十一；
寻个女婿刚十岁，
她比女婿大十一。
小两口儿去抬水，
一头儿高来一头儿低；
高的站在高岗儿上，
矬[①]的站在下洼儿里[②]。
“不看公婆待我好，
把你推到井里去！”

【注释】①矬：矮。②下洼儿里：低洼处。

有 个 姑 娘

有个姑娘本姓碰，
姑娘的公公会星秤。
一天星几杆[①]啊？
七杆、八杆说不定。
一天吃多少啊？
两斗小米子吃个净。
有多大力气啊？
一根灯草[②]拿不动。

怎么给这么个主儿[③]啊？
享福、受罪命中定。

【注释】①杆：秤的量词。②灯草：灯芯草茎的中心部分，极轻。③主儿：婆家。

有个妞儿不害羞（二首）

一

有个妞儿不害羞，
拿着竹竿儿钩水牛[①]。
水牛钩了真不少，
攥[②]着两把，兜[③]着一兜。

二

有个妞儿不害羞，
管卖花儿的叫舅舅。
“舅舅舅舅给我一朵红石榴！”
怀里揣，袖里袖，
哩哩啦啦一大溜[④]。

【注释】①水牛：这里指蜗牛，并非耕水田的牛。②攥（zuàn）：拿，握。③兜：撩起衣襟把东西放在里面。④哩哩啦啦一大溜：意思是说边走边丢。

有个小孩儿

有个小孩儿，上井台儿。
不打水，净[①]顾了玩儿。
摔了跟斗，拾了俩钱儿，
又娶媳妇儿又过年儿。

【注释】①净：只。

有个小秃儿

有个小秃儿本姓高，
初一十五把香烧。
人家烧香为儿女，
秃子烧香为长毛。
到了三天毛长出，
又烧香，又挂袍[①]。
过了三天毛掉了，
扳倒了老爷[②]架火[③]烧。
老爷一见怒冲冲[④]，
拿起大刀就开瓢。

（选自《北平歌谣》Ⅱ）

【注释】①挂袍：给神像披挂袍服，表示谢神还愿。②老爷（lǎoye）：此处指关公关老爷的神像。③架火：摆放木材点火。④怒冲冲：非常愤怒的样子。

【简析】这首歌谣是对功利主义者的讥讽。

有女莫嫁读书郎

有女莫①嫁读书郎②，
日日夜夜守空房；
一朝③飞到云间去④，
还要带个小婆娘。

【注释】①莫：不要。②读书郎：读书人。③一朝（zhāo）：有一天。④飞到云间去：指飞黄腾达。

右　　派

右派，右派，
当面儿说好，
背地里使坏。

【简析】1957年，全国开展了反击资产阶级右派的斗争。此歌谣产生在这之后。从此歌谣看，当时基层百姓对多数划为“右派”的人是怎样的人，以及“反右”犯了扩大化的错误都并不了解。

御苑禁城修马路

御苑禁城修马路，
马路旁边栽柳树。
柳树底下站巡警，
夹着黑棍抹黑油。
穿洋靴，戴洋帽，
身穿一件狗皮袄。
月月口份儿①关②不少，
除去吃喝一大③剩不了。

【注释】①口份儿：生活费。②关：领（薪饷）。③大：大子儿，即铜元。

袁　世　凯

袁世凯，瞎胡闹，
一街的和尚没有庙。
不使铜子儿使钞票。

【简析】袁世凯当了中华民国大总统以后，强迫男人剪掉了辫子（一街的和尚就指此），货币逐渐改成了钞票。此歌谣反映了当时民众对袁世凯主政的态度。

远分对儿

远分[①]对儿[②]，近分坠儿[③]；
不远不近分光棍儿。

【注释】①分：分配。②对儿：男女双方已经确定恋爱关系者或已结婚者。③坠儿：家庭有困难者。多指老人在家有病无人照顾且又属独子者。

【简析】“文化大革命”后期，北京知青已改为在北京郊区农村插队锻炼，他们都需要分配工作。这是当时劳动锻炼者对分配原则的概括：夫妻一般无牵挂的，分到远的地方去；家庭有困难的分得离家近些；单身一人者，分到不远不近的地方。当时的所谓远近，是指离北京城区的距离。

月亮爷的刀

月亮爷的刀，水飘飘，
飘到南海种胡椒。
胡椒打籽儿，
小孩儿唱曲儿。

月亮爷跟我走

月亮爷，跟我走，
一个馒头两盅酒。

月亮爷，亮堂堂（六首）

一

月亮爷，亮堂堂
开开后门儿洗衣裳。
洗得净，浆得白，
嫁了个丈夫不成材[1]。
又抽大烟，又打牌，
玩儿到半夜不回来。
这个日子怎么过得来？

二

月亮爷，亮堂堂，
开开后门儿洗衣裳。
洗得白，浆得白，
娶个媳妇儿不存财[2]。
嘴叼潮[3]烟袋，手托八张牌，
赢了钱买花儿戴，
输了钱噘乖乖[4]。

三

月亮爷，亮堂堂，
骑着大马去烧香。
大马拴在梧桐树，
小马儿拴在庙门儿上。
扒着庙门儿瞧娘娘：
娘娘搽着粉儿，
和尚噘着嘴儿；

娘娘戴着花儿，
和尚光着秃脑袋瓜儿。

四

月亮爷，亮堂堂，
骑着大马去烧香。
大马拴在梧桐树，
小马儿拴在庙门儿上。
庙门儿对庙门儿，
里头出来一个小媳妇儿，
坐在板凳上，
叨着烟袋歪着嘴儿，
嘎嘣儿嘎嘣儿嗑瓜子儿。

五

月亮爷，亮堂堂，
骑着大马去烧香。
大马拴在梧桐树，
小马儿拴在树枝儿上，
鞭子挂在庙门儿上。
开开庙门儿瞧娘娘，
娘娘搽着胭脂粉儿，
老爷噘着胡子嘴儿。
娘娘戴着花儿，
老爷光着臭脚巴丫儿。

（选自《北平歌谣》Ⅱ）

六

月亮爷，亮堂堂，
有个小贼儿偷酱缸。
酱缸没运走，
缸倒响叮当。
聋子听见贼来了，
哑巴急得直嚷嚷，
瘫子进去跑一趟，
瞎子回手⑤扶起缸。

【注释】①成材：比喻有用的人（多用于否定形式）。②存财：积蓄钱财（多用于否定形式）。③潮：流行的，时髦的。④噘乖乖：噘嘴。意为生气。⑤回手：转回身伸手。

月亮月亮光

月亮月亮光，照东窗，
张家的姑娘好嫁妆：
金皮柜，银皮箱，
虎皮椅子，象牙床；
锭儿粉，棒儿香，
棉花胭脂二百张。

越热越出汗

越热越出汗，越冷越打颤。
越穷越没有，越有越方便。

云彩往东

云彩往东，刮大风；
云彩往北，发大水；
云彩往南，大水撑船；
云彩往西，王母娘儿①披蓑衣②。

【注释】①王母娘儿：即西王母。中国古代神话中的女神。②蓑衣：用草或棕毛编织的披在身上的防雨用具。

【简析】这是京南地区歌谣。夏天，云彩向北、向南、向西飘都说明要下雨，独云彩向东飘不下雨。风向东刮，会把季风从海上带来的雨水刮走。

Z

早养儿

早养儿，早得济[①]；
早娶媳妇儿，早生气。

【注释】①得济：年老后得到儿女或其他晚辈的照料和赡养。

【简析】儿子早结婚成家，是每一个当父母的企盼，没有一个不高兴的。将来跟儿媳妇生气也属必然，但当父母的也没有一个怕将来跟儿媳妇生气而不盼儿子早结婚的。

灶王爷

灶王爷[①]，本姓张。
一碗凉水，三炷[②]香。
“今年小子[③]混得苦，
明年再吃关东糖！”

（选自《北平歌谣》Ⅱ）

【注释】①灶王爷：灶神。世传灶神姓名不一，此采张单之说。②炷：量词。点燃的香一支为一炷。③小子：祭灶者的自称（祭灶的人必须是男子）。

【简析】只用一碗凉水、三炷香祭灶，连起码的关东糖（糖果儿）都买不起，可见这家日子的清苦。

踷踷（二首）

一

踷踷[①]！
红头儿绿蚂蚱！

二

踷踷！
二两银子买双袜袜！
走走！
让爷爷奶奶瞅瞅！

【注释】①踷踷（zhàzha）：（幼儿学步时）试着迈步。

【简析】以上两首歌谣均为哄孩子时鼓励、帮助幼儿学步歌谣。

站 如 松

站如[1]松，坐如钟，
卧[2]如弓，走如风。

【注释】①如：像；像……一样。②卧：躺着。

【简析】这是习武歌诀。站着要像松树一样直立挺拔，坐着要像钟一样稳当，躺着的时候要像弓一样弯曲，走起路来要像风一样快。

张 打 头

张打头，李打头，
不打猫头，打狗头。

张 大 锣

张大锣，李秀才，
欠我的面钱，不给我送来。
张大锣，李小子，
我是你们的亲老子[1]。

【注释】①老子（lǎozi）：爸爸（不用于当面称）。

张大嫂（二首）

一

张大嫂，李大嫂，
上南洼，摘豆角；
一个豆角没摘了①，
肚子疼，往家跑。
养活一个黑妞妞②，
爹也愁，妈也愁，
黑妞妞起来拜三拜：
爹别愁，妈别愁，
黑妞妞提篮去挖黑心菜。
碰见③黑小儿放黑牛，
黑鞭杆儿，黑穗头。

二

张大嫂，李大嫂，
上南洼，摘豆角。
肚子疼，往家跑，
撩④炕席，铺上草，
养活个孩子叫豆宝。
豆宝他爹开饭店，
又卖馒头又卖面。

【注释】①没摘了（liǎo）：没摘成。②妞妞：女孩儿。③碰见：没经约定而见到。④撩（liāo）：掀起；掀掉。

张宗昌（二首）

一

张宗昌[①]，屌儿郎当[②]。
破鞋破袜儿破军装。
破肩牌[③]，破领章。
下小雨儿住民房，
大姑娘小媳妇儿没地界儿藏。

二

张宗昌，屌儿郎当。
破鞋破袜儿破军装。
缺粮草，找老乡。
粮草没有，
他拉着老乡的媳妇儿走。

【注释】①张宗昌（1881—1932）：山东掖县人。土匪出身，曾先后投靠直系军阀冯国璋、奉系军阀张作霖。②屌儿郎当：指行为散漫，随随便便。③肩牌：肩章。

【简析】以上两首歌谣产生于20世纪20年代。北洋政府统治时期，北京的军政界像走马灯一样地轮换，你方唱罢我登场。张宗昌带入京城的部队，是京城百姓所见过的部队中最差的部队，着装不整，纪律松弛，处处显露着土匪的本色。因此，京城百姓唱出了此歌谣。

长得真拙

长得真拙，长得真拙，
不会拿针去穿线，
不会拿帚[①]去刷锅。
一顿吃了八个大窝头，
比个汉子还吃得多得多。
会吃会穿不会做，
比我女儿差得多。
全是婆婆不会养，
偏偏留下这个没奈何[②]。

【注释】①帚（zhǒu）：炊帚。②没奈何：没办法。

赵钱孙李

赵钱孙李[①]，先生卖笔；
周吴郑王[②]，先生尿床。

【注释】①赵钱孙李：启蒙读物《百家姓》的首句。②周吴郑王：为启蒙读物《百家姓》的第二句。

【简析】这首儿歌产生于私塾教育时期，反映了当时学生跟老师的对立情绪。

赵钱孙李理不通

赵钱孙李理不通，
先生打我跳炉坑。
炉坑里儿有个小蚂蚱儿，
先生管我叫小爸爸儿；
炉坑里儿有个小茄子儿，
先生管我叫小爷爷儿。

【简析】这首儿歌产生于私塾教育时期。旧时塾师经常用打板子、罚跪等手段体罚学生，这首儿歌反映了当时学生跟老师的对立情绪。

这　个　人

这个人生来性儿急，
清晨早起去赶集，
错穿了绿布裤，
倒骑着一头驴。

（选自《北平歌谣》Ⅰ）

【简析】绿布裤是他妻子的裤子，所以说错穿了绿布裤。

正月菠菜才发青

正月菠菜才发青，
二月刨出羊角葱[1]，
三月芥菜出了地，
四月竹笋钻出泥，
五月黄瓜大街卖，
六月葫芦弯似弓，
七月茄子头朝下，
八月辣椒满枝红，
九月柿子红似火，
十月萝卜上秤称，
冬月白菜家家有，
腊月蒜苗绿英英。

【注释】①羊角葱（yángjiaocōng）：秋季不刨，来年春天返青后再刨的大葱。

【简析】这是关于旧时京城应季上市的蔬菜的歌谣。

正　月　里

正月里，正月正，
七个老西儿[1]去逛灯。
反穿皮袄还嫌冷，
河里的王老八它怎么过冬？

（选自《北平歌谣》Ⅰ）

【注释】①老西儿：北京地区对山西人的称呼。

正月梅花香又香

正月梅花香又香；
二月兰花盆里装；
三月桃花红十里；
四月蔷薇靠短墙；
五月石榴红似①火；
六月荷花满池塘；
七月栀子②头上戴；
八月丹桂满枝黄；
九月菊花初开放；
十月芙蓉正上妆；
十一月水仙供上案③；
十二月腊梅雪里香。

【注释】①似：像。②栀子（zhīzi）：一种常绿灌木，花大，白色，有强烈的香气。此处指栀子花。③案：桌案。

【简析】这是关于一年十二个月花卉的歌谣。

正月正，大街小巷挂红灯

正月正，大街小巷挂红灯。
二月二，家家摆席接女儿。
三月三，蟠桃宫里去游玩。
四月四，男女老幼游塔寺。
五月五，白糖粽子送姑母。
六月六，阴天下雨煮白肉。
七月七，夜晚院中看织女[①]。
八月八，穿自由鞋[②]走白塔。
九月九，大家喝杯重阳[③]酒。
十月十，穷人着急没饭吃。
冬月[④]中，北海公园去溜冰。
腊月腊，杀猪宰羊过年啦！

【注释】①织女：指织女星。②自由鞋：民国时期的休闲鞋。③重阳：指重阳节。④冬月：农历十一月。

雉　鸡　翎

雉鸡[①]翎，跑马城。
马城开，大人小孩儿跑进来。

【注释】①雉鸡（zhìjī）：野鸡。
【简析】这是多名儿童牵手做进城游戏边做边唱的歌谣。

中国电影儿

中国电影儿，新闻简报；
朝鲜电影儿，又哭又笑；
越南电影儿，飞机大炮；
罗马尼亚电影儿，搂搂抱抱；
阿尔巴尼亚电影儿，莫名其妙。

【简析】此歌谣产生于20世纪70年代。“文化大革命”期间，群众文化生活变得异常贫乏，戏剧、电影舞台只剩下八个样板戏，看电影时前面首先是数个《新闻简报》(多为毛主席接见外宾、西哈努克去外地访问等)，外国电影也多是兄弟国家朝鲜、越南、罗马尼亚、阿尔巴尼亚等国的电影。于是，就有了概括这几个国家电影特点的歌谣。

中华民国

中华民国大改良，
拆大庙，盖学堂。

【简析】此歌谣产生于1911年辛亥革命以后。民国以后，不少乡村把庙宇拆掉，用拆下来的砖瓦盖学校。

中 央 军

中央军[①]，草鸡毛，
不会打仗会挖壕。

【注释】①中央军：国民党军系统蒋介石的嫡系部队的通称（相对于当时的地方军或杂牌儿军）。

【简析】此歌谣产生于1937年卢沟桥事变以后。卢沟桥事变以后，国民党军队在京南至保定一带构筑了许多工事，修建了许多炮台，结果一个也没有用上。所以产生了此歌谣。

钟楼高鼓楼矮

钟楼高，鼓楼矮，
假充[①]万岁袁世凯。
铜子儿[②]改老钱[③]，
铁棍儿打老袁。
要过太平日，
还得两三年。

【注释】①假充：冒充。②铜子儿：铜元。③老钱：指清代通用的圆形方孔制钱。

【简析】1915年12月，袁世凯宣布改中华民国为中华帝国，并宣布1916年为洪宪元年。在全国人民反对、声讨声中，袁世凯被迫于1916年3月宣布废除帝制。

竹叶儿落落

竹叶儿落落，
她妈养她独一个。
金盆洗，银盆卧。
长大了，说婆婆，
一说说个山东客。
十个公，十个婆，
还有小姑子整十个。
挑泔水①，喂嘞嘞，
挖苣荬菜②，喂鸭鹅。
拿筲来，打水去；
筲大，绳儿细，
勒得小手儿怪疼的。

【注释】①泔水（gānshui）：刷完锅碗后的水。②苣荬菜（qǔmacài）：一种野生苦菜。

转磨磨儿

转磨磨儿①，吃饽饽儿。
吃了饽饽儿，作锅伙儿②。

【注释】①转磨磨儿（zhuàn mōmor）：两臂平伸连续转身的动作。②作锅伙儿（zuò guōhuor）：几个单身在外的男人组成食宿集体。有时也指部分人结帮起事。

【简析】这是男童玩转磨磨儿游戏时所唱的歌谣。

吱 儿 呜

吱儿呜，老头儿卖豆腐。
卖得不够本儿，
到家打媳妇儿。
媳妇儿说："你别打我！
你卖的豆腐给人家多。"

【简析】这是一首模仿《苏武牧羊》词曲的儿歌。

走 资 派

走资派[①]，还在走；
投降派，确实有。

【注释】①走资派：全称走资本主义道路当权派。1965年，毛泽东在农村"四清"文件"中央二十三条"中首先提出。

【简析】1974年，在周恩来总理主持下召开了第四届全国人民代表大会，国家的各项工作有了逐渐走上正轨的势头。"四人帮"看到这种势头对他们不利，于是先后提出"反回潮，批林批孔，批邓反击右倾翻案风，评水浒"等。他们说的"走资派"是指以邓小平同志为首的领导层，他们说的"投降派"

暗指周恩来总理。这首歌谣是清华大学迟群、谢静宜派编造传出的。

嘴是两片唇

嘴是两片唇，得理不饶人；
说东东便好，说西西也行。

【简析】人说话有很大的随意性，听了以后是不必太在意、太认真的。

做 一 梦

做一梦，真可笑，
扛着铁锹跟[①]大镐，
一出城，往南跑。
跑到荒郊野外，
又把土来刨。
一刨刨出元宝窖[②]，
珊瑚子，两丈高，
还有珍珠和玛瑙。
要置[③]房，怕火烧；
要买人，怕逃跑；

要放账[4]，没人保。
原是南柯梦，
拿着黄竹竿儿烟袋当金条。

【注释】①跟：和。②窖：藏东西的洞或土坑（上面有棚顶）。③置：买。④放账：放债。

附　　录

1. 叫卖者唱词（十首）

冰糖水儿，真好喝，
一个大子儿给不多，
俩大子儿给一车①！

【注释】①一车：这里形容极多。
【简析】此为夏天卖冰糖水儿者叫卖歌。

凉凉儿的，白糖儿的，
有香蕉，有蜜柑。
谁要喝，把碗端！

【简析】此为夏天卖冰糖水儿者叫卖歌。

你要喝，我就盛；
解暑带凉的冰激凌！

【简析】此为卖雪花酪者的叫卖歌。

糖麻花儿嘞，
小排叉儿，
俩子儿一包小点心儿！

【简析】此为卖小吃食者的叫卖歌。

小玩意儿，独一份儿，
小孩儿买来多有趣儿！
不给买，噘着嘴儿，
撒泼打滚儿不愿意儿，
一对儿一对儿掉眼泪儿。

【简析】此为走街串巷的卖儿童玩具的小贩的叫卖歌。

小香包儿，包了个得，
牛郎织女靠着天河。

【简析】此为庙会卖香面儿、香囊者的唱词。

洗的洗，晾的晾，
不洗不晾穿衣裳；
洗澡别打盹儿[①]，
摔了腰和腿儿，
买贴膏药贴，
洗澡不够本儿。

【注释】①打盹儿：坐着或靠着小睡。

【简析】此为旧时京城澡堂服务人员提醒洗澡者快洗快离开所唱的歌谣。

又不糠[1]来又不辣，
两捆萝卜一个大。

【注释】①糠：萝卜里边儿变得松而不实。

【简析】此为走街串巷卖萝卜者的叫卖词。

又解渴，又带凉，
又加玫瑰又加糖，
不信您就弄碗尝一尝！

【简析】此为夏天卖酸梅汤者的叫卖歌。

粘粘裂，裂裂粘；
你不买，我不给，
口子裂得像个孩子嘴！

【简析】此为卖粘裂贴膏者的叫卖歌。

2. 艺人说唱韵语摘录（十一首）

都来瞧，都来瞧，
耗子咬个大狸猫；
都来看，都来看，
黑鸡下个白鸡蛋。

【简析】此为变戏法儿者敲锣招人时所喊。

老爷儿[1]出来没西沟[2]，
起五更拾大粪[3]全仗着[4]偷。

【注释】①老爷儿（lǎoyér）：太阳。②没西沟：在西沟方向落下。③大粪：人粪。④仗着：依仗。

【简析】此为说书艺人唱词。

两个轱辘一个梁[1]，
上边儿[2]坐着个武大郎[3]，
见了亲爹也不下，
急得王八爪子挠铃铛。

【注释】①梁：水平方向的长条形承重构件。此处指自行车的大梁。②上边儿：上面。③武大郎：古典长篇小说《水浒传》中的一个人物，是一个猥琐者的形象。

【简析】民国年代，能骑自行车者都是有身份的人。这是出于嫉妒对骑车者的谩骂。

碌碡[1]开花儿，柏树枝落[2]，
老牛打滚儿，鸡撒尿。

【注释】①碌碡（liùzhou）：即石磙。②落：音 lào。

【简析】此为说书艺人唱词。用四种根本不可能的事情比喻别人的愿望根本不能实现。

马瘦毛长蹄子瘦，
穷人坐席爱吃肉；
马瘦毛长蹄子短，
穷人的筷子没有眼。

【简析】此为说书艺人讥讽穷人平时吃不到好饭食，一旦有坐席的机会，就抢好的吃而不懂得谦恭礼让。

命穷人儿，数范丹[①]，
梁颢[②]八十二中状元。

【注释】①范丹（112—185）：东汉陈留人，一生极贫。②梁颢（963—1004）：北宋郓州人。二十三岁及第，后有人在著作中误他八十二岁及第，误传极广极远。

【简析】此为说书艺人唱词。

人老弯腰把头低，
树老焦梢[①]叶儿稀，
茄子老了一包籽，
倭瓜[②]老了是面[③]的。

【注释】①焦梢：指老树树枝的上端枯死。②倭瓜：北瓜。③面：瓜果等食物口感不脆、不硬而绵软。

【简析】此为说书艺人唱词。

天津卫城西杨柳儿青，
有个美女名叫伯俊英，
学会丹青[①]会画画儿；
小佳人儿，十九冬[②]，
丈夫南学[③]苦用功。

【注释】①丹青：颜料。此处指调配原料。②冬：借指年岁的“岁”。③南学：此处指私塾馆所。

【简析】此为说书艺人唱词。

一二三四五，金木水火土，
要把戏法儿变，还得抓把土。

【简析】此为变戏法者在开始变时的唱词。“金木水火土”，即所谓的五行。

一块乌云扑满天，
前花园对着后花园。
影壁头里种着爬山虎，
影壁后头种着茉莉香。
八十岁的老者①花园逛②，
手拉花枝儿泪涟涟③：
花开花谢年年有，
人过青春没少年。

【注释】①老者：老年人。②逛：游玩。③泪涟涟：形容泪流不断的样子。

【简析】此为说书艺人唱词摘录。表现一个老者对青春不再的惋惜与哀叹。

一块醒木①上下分，
上至君王下至臣，
君王一块辖文武，
文武一块辖黎民。
圣人一块醒儒教，
天师②一块警鬼神，
僧家一块劝佛法，
道家一块劝玄门③，
一块落在江湖手④，
流落八方劝世人，

湖海朋友不供我，
如要有艺论家门。

【注释】①醒木：说书艺人为了吸引听众的注意而用来拍桌子的硬木块儿。②天师：古代对有道术者的尊称。③玄门：道教。④江湖手：旧指各处流浪靠卖艺、卖药为生的人。

【简析】此为说书艺人正式说书前的引场词。

3. 乞讨者韵语（四首）

打竹板儿，走七步，
眼前来到棺材铺。
你这棺材真正好，
一头儿大，一头儿小，
装在里边跑不了。

【简析】此为敲击牛肩胛骨乞讨者到棺材铺家门前时所编的数来宝词。

你这个牛，是好牛，
两个犄角抱着头，
四个蹄子分八瓣儿，
尾巴长在屁股蛋儿。

【简析】此为敲击牛肩胛骨乞讨者所编的数来宝词。

老太太①，真行好②，
给个饽饽吃不了；

东屋里瞧，西屋里看，
没有饽饽赏[3]碗饭。

【注释】①老太太：北京地区上门儿乞讨者的呼叫称呼。②行好：发善心而对处境困难者给予施救。③赏：赏赐。

【简析】此为敲击牛肩胛骨乞讨者到普通居民家门前所编的数来宝词。

这几年，我没来，
老头儿胡子发了白。
老头儿胡子捋两绺[1]，
吃饭离不了四两酒。
老头儿胡子有几根儿，
要吃肉，得半斤儿。
数来宝[2]的胡子一大掐[3]，
顿顿儿要吃豆腐渣[4]。

【注释】①绺（liǔ）：量词。毛发、线、麻等多根顺着聚在一起叫一绺。②数来宝：用系有铜铃的牛肩胛骨或竹板打节拍，边敲边唱的一种曲艺，多为即兴编词。③掐(qiā)：量词。两手指端对齐所握物的量。④豆腐渣：做豆腐过豆浆时，留下的渣滓。

【简析】这是数来宝的在门前讨要时，对主人恭维的一段即兴唱词（您虽然老了，依然好吃好喝；我却依然受苦）。

4. 迷信习俗韵歌（十一首）

黑丫头，白小子，
跟娘回家吃饺子！

【简析】旧时迷信，民间有到庙上“拴娃娃”的习俗。女子如果结婚两三年仍然不生育，常去娘娘庙去求子，求送子娘娘赐子。送子娘娘的神座上放着许多泥娃娃，求子的女子磕头布施后拿起一个泥娃娃用红带子拴上并揣在怀里，在回家的路上要一边走一边默念此歌谣。回家以后，要把泥娃娃放在固定的地方，每天吃饭的时候还要象征性地喂一些食物。

黑丫头，白丫头，
坐在炕头儿①梳鬏鬏；
黑小儿②，白小儿，
坐在炕头儿吃饺儿！

【注释】①炕头儿：下面有烟道直接通过部分的炕面，泛指炕上。②小儿：小子，即男孩儿。

【简析】此为儿媳婚后久久不育，吃年夜饭前婆婆所喊的祈子歌。

三梳子，两拢子，
长大戴上红顶子①。

【注释】①戴红顶子：意为做大官。

【简析】此为婴儿洗三时收生姥姥给男婴梳头时所唱的歌谣。

先洗头，做王侯；
后洗腰，一辈儿倒比一辈儿高。
洗洗蛋，做知县；
洗洗沟①，做知州。

【注释】①沟：屁股沟子，即肛门周围。

【简析】此为婴儿洗三时收生姥姥给男婴洗澡时所唱的歌谣。意为祝男婴将来长大做官。

一搅，二搅，连三搅，
哥哥跟着弟弟跑。

【简析】此为婴儿洗三时收生姥姥用木棒搅动盆中的水时所唱的歌谣，意为祝福这个家庭多生男孩儿。

用宝镜，照照腚，
白天拉屎黑夜净。

【简析】婴儿洗三最后一道程序是收生姥姥给婴儿身体照镜子，这是边照镜子边唱的歌谣。意为祝婴儿健健康康地成长。

左掖金，右掖银，
花不了，赏下人。

【简析】此为婴儿洗三时收生姥姥拿婴儿家人事先准备好的金银锞子在男婴的左右腋下掖一掖时所唱的歌谣。意为祝婴儿将来富有。

天荒荒，地荒荒，
我家有个夜哭郎。
过路君子念三遍，
一觉睡到大天亮。

【简析】此为孩子经常夜哭的人家在行人过路的路口所贴的揭帖。

鸡猴不对头，白马犯青牛。

【简析】此为星命家认为属相相克、不适宜婚配的歌谣。

白马怕青牛，鼠羊一旦休，
蛇虎如刀锉，龙兔泪交流，
金鸡怕玉犬，猪猴不到头。

【简析】此为星命家认为属相相克、不适宜婚配的歌谣。

青兔黄狗古来有，
红马黄羊寿命长，
黑鼠黄牛两相旺，
青牛黑猪喜羊羊。

【简析】此为星命家认为适宜婚配的属相歌谣。

5. 男子倒插门儿所立字据歌

小孩儿无能①，
情愿意②随妻改姓，
打幡儿摔瓦③，
养老送终④。

【注释】①无能：没有本事。②情愿意：真心实意愿意。③打幡儿摔瓦：民间丧仪。出殡前，孝子须跪在灵前，号哭着将烧纸的瓦盆摔碎，然后起身执幡导引灵柩奔向墓地。④送终：给长辈亲属安排办理丧事。

【简析】这是京郊传说中男孩儿倒插门儿所立字据的语句。从风格上看，不像文书用字句，倒像一般歌谣。传统上，结婚是女到男家，男到女家给人家当儿子会被人看不起，此歌谣充分表现了这一点。

6. 虱子诉苦歌

身穿破棉袄，一天三遍烤，
别说吃肉，命都难保；
身穿绫罗缎，一天三遍换，
别说吃肉，看都看不见。

7. 民间打油诗（三首）

老牛无言①每日忧②，
棚圈夜晚冷飕飕，
皮剥张鼓用槌敲，
骨头磋簪去驳头；
零骨又把色子③做，
肉剁成块儿下锅煮。

【注释】①无言：不说话。②忧：发愁。③色子（shǎizi）：一种赌具。为一小立方体，六面分别为一、二、三、四、五、六个点儿。一副一般为三个。

【简析】此诗表现了作者对牛将来下场的同情。

猛虎下山遍地游，
百兽群中力称侯；
不伤良民老百姓，
单吃恶霸手足头。

【简析】此为民间题画诗。

扇子有风，拿在手中；
有人来借，等到立冬。

【简析】此诗常用作扇子面题诗。

8. 乞讨者唱的歌

新 年 歌

新年新月过新春，
花红柳绿贴满门。
影壁[①]前头摇钱树[②]，
影壁后头聚宝盆。
聚宝盆[③]，开金花，
富贵荣华头一家。
正念喜，抬头看，
天上来了福禄寿三仙：
增福仙，增寿仙，
刘海儿[④]本是海外仙。
金钱撒在宝宅内，
荣华富贵万万年。

【注释】①影壁：大门内做屏蔽的墙壁。②摇钱树：神话传说中的一种宝树，摇动树干，就会有许多钱落下来。③聚宝盆：神话传说中的装满金银珠宝而且取之不尽的盆。④刘海儿：我国民间传说中的仙童。

结婚喜歌

内挂龙帘外挂绸，
宅府门前结彩球。
寿星佬儿当中坐，
斗大的喜字儿贴门头。
八抬轿，颜色鲜，
一对喜号列两边。
喜鼓打的“夸得胜”，
喜号吹的“报三元”。
落下轿，举后杆，
新人下轿贵人搀。
铺红毡，倒[①]红毡，
一倒倒到喜堂前。
进门来，跨马鞍，
夫妻一世保平安。
先拜天和地，
后拜神、佛与祖先。
一拜公，二拜婆，
三拜姐妹要相和。
正念喜，抬头观，
空中来了三位仙：

增福仙、增寿仙、增喜仙，
后跟刘海儿撒金钱。
金钱撒在宝宅内，
荣华富贵万万年、万万年！

【注释】①倒（dǎo）：旧时无大长条红毡，所以新人下轿踏毡得靠倒。

店铺开张喜歌

鞭炮一响把张开，
增福财神两边儿排，
招财童子中间坐。
增福仙，增寿仙，
刘海儿本是海中仙。
一撒金，二撒银，
三撒骡马成了群，
四撒摇钱树，五撒聚宝盆，
五子登科六六顺！

（选自《北平歌谣》Ⅱ）

四 喜 歌

福自天来喜冲冲，
福缘山青降雨行。
福如东海长流水，

恨福来迟身穿大红。

鹿行孝道连中三元，
鹿叼灵芝口内含。
路过高山松林下，
陆国封相①做高官。

寿星鼎寿②万寿无疆，
寿桃寿酒在中央。
寿比南山高万丈，
彭祖③爷寿活八百永安康。

喜花儿掐来戴满了头，
喜酒儿斟上瓯④几瓯。
喜鸟儿落在房檐儿上，
喜报三元独占鳌头。

（选自《中国民间歌曲集成·北京卷》）

【注释】①陆国封相：当作“六国封相”，用战国时代苏秦（季子）典。此处为与“鹿”“路”同音而用“陆”。当然，苏秦也并没有在六国都封过相，只是说服齐、楚、燕、韩、赵、魏六国协同抗秦，一度取得成功，曾佩六国相印。②鼎寿：大寿。③彭祖：古代传说中的人物。生于夏朝（约前2070—约前1600），是颛顼的玄孙。④瓯：酒盅。此处指饮酒。

丧　歌

白发苍苍赛银条，
多年古树怕风摇，
家有黄金过北斗，
难买生死路一条。
一朵白莲脚下开，
家里供着上人台。
上人台上写大字，
金匾莲花写下来。
上联写“阳世三间多福寿”，
下联配“西方正路见如来”。
龙水的三江水，
五重的万重山。
高搭灵棚三丈三，
花棺彩木在里边。
上打一把白绫伞，
下有一口紫金棺。
紫金棺，谅有仙，
死去的亡灵在里边。
灵前倒有许多供，
吃一看二眼观三。
金香炉，银蜡扦，
一炉檀香冒青烟。
灵前倒有许多幡，
香幡、筒幡、招魂幡，
哩哩啦啦是经幡。
这些幡，我报不全！

年年都有三月三，
王母娘娘烧法船。
船帮船底檀香木，
珍珠、玛瑙、玉石栏杆。
上面罩着锁链树，
扳倒锁链作桅杆。
长的要把桅杆做，
短的要把纤板穿。
二十八宿①拉船纤，
四大金刚②把舵搬。
这船也渡女，
这船也渡男。
头船渡的康百万③，
二船渡的沈万三④，
三船渡的孟姜女⑤，
四船渡的李翠莲⑥，
五船不把别人渡，单渡亡人上西天！

（选自常人春《红白喜事》）

【注释】①二十八宿（xiù）：中国古代天文学家将沿黄道、赤道附近的星空划分为二十八个区域，每一个区域叫作一宿。二十八宿按方位又划分四组，东方七宿总称为苍龙，北方七宿总称为玄武，西方七宿总称为白虎，南方七宿总称为朱雀。此丧歌中可能是把二十八宿作为动物对待的。②四大金刚：佛教传说中的四天王，亦称护世四天王。③康百万：旧时山西一个富可敌国的人物。④沈万三：明代南京一个富可敌国的人物。⑤孟姜女：民间传说中的一个人物。相传为秦始皇时人，其夫被征修长城，她跋涉万里送寒衣，到目的地后知夫已亡，大哭于长城下致城墙崩塌，滴血辨出夫骨，携而归葬。她是一个重情重义，勇敢坚忍，能够吃大苦、受大累的女性典型。⑥李翠莲：我国古代文学作品中记录的北宋时一位神奇的女子，以伶牙俐齿著称。

【简析】此丧歌在铺排丧事办得阔绰。

9. 劝人孝敬老人歌

老　来　难

老来难，老来难，
劝人别把老人嫌[①]。
当初只嫌别人老，
如今轮到我面前。
千般苦，万般难，
听我从头说一番。
耳聋难与人说话，
差七差八惹人嫌。
雀盲眼[②]，似鳔[③]粘，
鼻泪常流擦不干。
人到面前看不准，
常拿李四当张三。
年轻人，笑话咱，
说我糊涂又装蒜[④]。
亲友老幼人人恼，
儿孙媳妇个个嫌。
牙又掉，流口涎[⑤]。

硬物难嚼囫囵[⑥]咽。
一口不顺就噎住，
卡在嗓内噎半天。
真难受，颜色[⑦]变，
眼前生死两可间。
儿孙不给送茶水，
反说老人口头[⑧]馋。
鼻子漏，如脓烂，
常常流到胸膛前。
茶盅饭碗人人腻[⑨]，
席[⑩]前陪客个个嫌。
头发少，头顶寒，
凉风飕[⑪]得脑袋酸。
冷天睡觉常戴帽，
拉被蒙头怕风钻。
侧身睡，翻身难，
浑身疼痛苦难言。
盼明[⑫]不明睡不着，
一夜小便七八遍。
怕夜长，怕风寒，
时常受风病来缠[⑬]。
年老肺虚常咳嗽，
一口一口吐黏痰[⑭]。
儿女们，都恨咱，
说我邋遢[⑮]不像前。
老得这样还不死，
你还想活多少年?
脚又麻，腿又酸，

行动坐卧真艰难。
扶杖[16]强行一二里，
上炕如同登泰山。
无心气，记性完[17]，
常拿初二当初三。
想起前来忘了后，
颠三倒四惹人烦。
年老苦难说不完。
仁人君[18]，仔细参[19]，
对老人，莫要[20]嫌。
人生哪能净少年？
日月如梭[21]催人老，
人人都有老来难。
人人都应敬老人，
尊敬老人美名传，
美名传。

【注释】①嫌：嫌弃。②雀盲眼（qiǎomangyǎn）：夜盲症。③鳔（biào）：此处指鳔胶。④装蒜：假装糊涂。⑤涎（xián）：口水儿。⑥囫囵（húlun）：整个儿。⑦颜色：此处指脸色。⑧口头：嘴。⑨腻：腻烦。⑩席：宴席。⑪飕（sòu）：吹。⑫明：天亮。⑬缠：纠缠，侵扰。⑭黏痰：浓痰。⑮邋遢（lāta）：脏；不整洁。⑯扶杖：拄拐棍儿。⑰完：此处指差，用“完”为了叶韵。⑱仁人君：即仁人君子，指道德修养高尚的人。⑲参：参悟，即领悟体会。⑳莫要：不要。㉑日月如梭：形容时光飞逝。

【简析】此为北京地区流行的劝人孝敬老人的歌谣。

10. 京韵十三辙歌

正月里，正月正，刘伯温修建了北京城；打板儿算卦苗光义，未到先知徐懋功；诸葛亮草船把箭借，斩将封神姜太公。（中东辙）

二月里，草芽儿发，三下寒江樊梨花；手使大刀王淮女，替夫挂印葛红霞；穆桂英大破天门阵，刘金定下山四门杀。（发花辙）

三月里，桃花开，吕蒙正没时赶过斋；寻茶讨饭崔文瑞，提笔卖字高秀才；苏秦不遇回家转，朱买臣没时打过柴。（怀来辙）

四月里，麦梢儿黄，把守三关杨六郎；白马银枪高嗣继，日受双全小罗章；周瑜本是东吴将，狄青斗宝收双阳。（江阳辙）

五月里，端阳节，刘备没时卖过草鞋；吃粮当兵汉高祖，平贵乞食在长街；推车贩伞柴郡主，贩卖酸梅洪武爷。（乜斜辙）

六月里，天数伏，王老道儿捉妖白水湖；法海捉妖金山寺，包老爷捉妖五鼠除；纪小唐捉妖收五鬼，张天师捉妖破五毒。（姑苏辙）

七月里，七月七，秦琼全凭锏双支；九里山前韩元帅，临潼斗宝伍子胥；马超一怒西凉反，黄飞虎反出朝歌归西岐。（一七辙）

八月里，到中秋，李三年磨房泪交流；柳迎春等夫十二载，王宝钏守寒窑十八秋；吃斋好善黄氏女，孟姜女哭倒万里长城头。（由求辙）

九月里，雁南飞，大闹江州是李逵；敬德监工大佛寺，大喝三声猛张飞；东京打擂呼延庆，杨七郎归位乱箭锥。（灰堆辙）

十月里，小阳春，红袍都督盖苏文；袁达本是青脸将，孟获不驯遭七擒；匈奴大将猩猩胆，开五代刃残唐名叫朱温。（人辰辙）

十一月，雪花飘，赵匡胤全凭盘龙棍一条；大刀将军叫关胜，武汉杀妻保汉朝；久传绿林王君可，孟良盗骨又把昊天塔烧。（遥条辙）

十二个月整一年，金眼毛遂盗仙丹；柴君长又把昆江闹，魏化大闹万花园；南唐报号叫冯冒；窦义虎报号锁阳关。（言前辙）

十仨月，一年多，薛礼救驾淤泥河；文广御园救宋主，薛娇长安赶囚车；哪吒救驾西岐地，赵子龙救驾长坂坡。（梭波辙）

【简析】以北京为中心的北方民间艺人为了编唱剧曲押韵，把北方话的语音分为十三个韵类，叫作十三道辙。十三辙在北方艺人中一直流传，但只有口口相传的标目，并无专书。此歌是为了让艺人掌握十三辙每个辙口大致都是哪些字而编写的，在北方曲艺界也已经流传了很久。

注释词语索引

（括号中的阿拉伯数字为本书的页码）

C

D

E

F

G

H

J

K

L

N

O

P

Q

R

S

Z